DESSINS TABBY (p. 117)

Tabby blotched classique (tacheté)

Tabby mackerel (tigré)

Tabby spotted (moucheté)

Tabby ticked (tiqueté)

VARIATIONS ÉCAILLES-DE-TORTUE (p. 117)

Petites et entremêlées (européen)

Plus grandes et plus délimitées (américain)

Écaille et blanc (USA — calico)

Écaille tabby (USA — tacheté)

LES CHATS

David Burn et Chris Bell

Adaptation française de
Hélène V

GRÜND

Adaptation française d'Hélène Varnoux
Texte original de David Burn et Chris Bell
Révision : Françoise Botkine

Première édition française 1995 par Librairie Gründ, Paris
© 1995 Librairie Gründ pour l'adaptation française
ISBN : 2-7000-1928-8
Dépôt légal : mars 1995
Édition originale 1994 par Malcolm Saunders Publishing Ltd
sous le titre original *Cats*
© 1994 Malcolm Saunders Publishing Ltd
Photocomposition : Compo 2000, Saint-Lô
Imprimé en Espagne par Graficas Reunidas

Sommaire

Introduction

Dans la plupart des pays européens comme aux États-Unis, près d'un quart des foyers possèdent un chat. La France, à elle seule, compte plus de huit millions de chats (vingt-cinq millions aux États-Unis), dont environ un sur quinze appartient à une race avec pedigree. La distinction entre chat avec pedigree et chat de gouttière ou chat de ferme n'est toutefois pas toujours évidente et tient seulement à l'existence de documents prouvant les origines du premier. Selon les croisements dont ils sont issus, certains chats de gouttière ne sont pas loin de s'identifier aux membres de races reconnues. Cet ouvrage vise non seulement à vous aider à distinguer les différentes races entre elles, mais aussi à déterminer de quelle race tel ou tel chat de gouttière se rapproche le plus.

Comment utiliser ce livre ?

Cet ouvrage se divise en quatre sections, qui se distinguent par un bandeau de couleur différente en haut de chaque page :

1 Chats à poils longs

Ils possèdent les poils les plus longs et la robe la plus flottante (habituellement la plus longue de tous les chats). Une seule race, le persan, constitue cette première section.

2 Chats à poils semi-longs

Races à poils longs, mais dont la longueur de la robe n'atteint jamais celle des persans. Il arrive même qu'ils paraissent courts, en particulier chez les jeunes animaux, ou en été, mais leur queue est presque toujours très fournie.

3 Chats à poils courts

Races à poils courts, lisses et serrés, donnant l'impression de se dresser légèrement, et dont l'effet est lustré.

4 Chats insolites

Races de toutes longueurs de robe mais qui se distinguent par une caractéristique originale. Cette section regroupe notamment les chats sans queue, ou à queue très courte, ceux à oreilles repliées et ceux aux robes inhabituelles — bouclées, ondulées et même une variété sans poils.

Vérifiez d'abord que votre chat n'appartient pas à la quatrième catégorie, avant de vous intéresser aux trois autres. S'il relève effectivement de la quatrième catégorie, l'un des symboles ci-après devrait vous aider à déterminer la subdivision appropriée :

queue
inhabituelle

oreille
inhabituelle

robe
inhabituelle

Si votre chat correspond à l'une des trois premières catégories, vous pourrez circonscrire vos recherches à une subdivision basée sur la forme de la tête et la taille des oreilles. La plupart des races présentent un type de tête précis, mais ces différences ne sont guère décelables au premier coup d'œil. On peut toutefois distinguer quatre grands types qui, combinés à la taille des oreilles, permet de ranger tel ou tel chat dans un de ces groupes :

tête ronde
nez court
petites oreilles

tête ronde
nez moyen
petites oreilles

tête ronde
nez moyen
oreilles moyennes

tête intermédiaire
nez moyen
oreilles moyennes

tête intermédiaire
nez moyen
grandes oreilles

tête triangulaire
nez long
grandes oreilles

La rondeur de la tête se détermine en regardant l'animal de face, la longueur du nez en l'examinant de profil. Chez les chats à robe longue, ou chez les mâles jeunes (indépendamment de la longueur de la robe), essayez d'imaginer quelle serait la forme de la tête sans la fourrure. Une tête ronde doit être aussi large que haute. Une tête triangulaire, au contraire, est allongée et dessine un triangle lorsqu'on la regarde de face, une forme que la taille des oreilles accentue encore. Une tête intermédiaire se situe entre la tête ronde et la tête triangulaire ; c'est celle de la plupart des chats de gouttière. En général, de grandes oreilles se tiennent plus droites sur les têtes de ce type que sur les triangulaires. De profil, les têtes rondes et intermédiaires présentent une cassure plus ou moins prononcé, ou stop, entre le nez et le front, tandis que sur les triangulaires, le profil doit être droit, voire convexe.

Ce système vous permettra de limiter vos recherches à un maximum de huit races, et dans la plupart des cas à seulement quatre. Tous les chats ne répondent pas exactement à cette classification ; certains se situent entre deux catégories : certains chats à tête intermédiaire, aux grandes oreilles, en particulier, présentent des faces plus ou moins triangulaires. Dans ce cas, poussez vos recherches dans la subdivision adjacente, concernant aussi bien la forme de la tête que la taille des oreilles.

Races et noms

Il est impossible, ou presque, de donner une définition du terme « race », dans la mesure où on lui attribue des significations très différentes. Les seuls points communs à toutes les races sont probablement le fait qu'elles sont reconnues comme telles par une organisation officielle et que chacune présente un certain nombre de caractéristiques qui la distingue des autres races enregistrées par la même organisation. Dans la mesure où il n'existe pas de consensus universel sur les caractéristiques qui permettent de différencier tel ou tel groupe, la reconnaissance des races s'effectuent selon des critères très divers. La longueur des poils, par exemple, permet de distinguer deux races par ailleurs identiques, le persan et l'exotique, mais en France et en Grande-Bretagne l'exotique est considéré comme une race distincte, indépendamment de la couleur ou du dessin de la robe, tandis que le persan se subdivise en plusieurs races, certaines basées seulement sur la couleur, d'autres sur le dessin, sans tenir compte de la teinte. Dans d'autres cas, le type du chat est la caractéristique qui l'emporte (voir le paragraphe *Type*, page 12).

Il arrive aussi que différentes organisations, parfois à l'intérieur d'un même pays, utilisent des critères différents pour établir une classification des races. Ainsi, tous les chats qui composent la race connue sous le nom de balinais en Grande-Bretagne, se subdivisent en deux races, les balinais et les javanais, aux États-Unis.

L'utilisation de noms différents par plusieurs organisations pour décrire un même groupe ajoute encore à la confusion : le javanais américain, par exemple, ne correspond pas à la même race que celle portant ce nom en Europe ; en revanche, le javanais européen correspond à la même race que l'angora britannique, qui en Amérique est connu sous le nom d'oriental longhair ! Une classification que rend plus complexe encore le fait que les organisations ne reconnaissent pas les mêmes variétés de couleurs dans une même race.

Cet ouvrage tente diversement de limiter cette confusion :
1. À l'exception du burmese, des groupes de chats asiatiques, mais aussi d'une ou deux variétés d'oriental shorthair (voir notes 5 et 7, page 114), aucun groupe n'est considéré comme une race distincte uniquement en fonction de la couleur.
2. Les noms des races/variétés sont ceux utilisés par le GCCF (Governing Council of the Cat fancy) en Grande-Bretagne et la FIFe (Fédération internationale féline) regroupant, notamment les pays suivants : l'Allemagne, l'Australie, l'Autriche, la Belgique, le Brésil, le Danemark, l'Espagne, la Finlande, la France, la Hollande, la Hongrie, l'Italie, le Lichtenstein, le Luxembourg, la Malaisie, le Mexique, la Norvège, la Pologne, la Suède et la Suisse. Si une race n'est pas reconnue par la GCCF, est alors mentionné le nom utilisé par la CFA (Cat Fanciers' Association), aux États-Unis. Le nom de la race est indiqué en

capitales dans le bandeau de tête, suivi dans certains cas de sa traduction française.

3. Les difficultés de reconnaissance et de nomenclature sont explicitées en pages 114 et 115, et sont indiquées par un sigle représentant une « empreinte de patte » au bas des présentations des races concernées.

Reconnaissance

Avant qu'un groupe de chats ne soit considéré comme une race (ou une variété nouvelle à l'intérieur d'une race déjà existante), il doit d'abord être accepté comme tel par un organisme officiel. Celui-ci s'assurera notamment que les éleveurs sont en nombre suffisant pour assurer la survie de la race et limiter les croisements consanguins, mais aussi qu'elle est développée selon un standard homologué. Ce processus — ou reconnaissance officielle — se déroule en plusieurs étapes.

Durant l'étape préliminaire, qui dure environ cinq ans aux États-Unis, mais peut être plus courte ou plus longue en Grande-Bretagne, les chats sont présentés dans des classes hors compétition où ils sont jugés en fonction du standard de leur race, calculé selon un barème de points. Ce jugement permet aux éleveurs de mieux apprécier le développement de leurs chats. Si l'organisation estime que la race présente un soutien suffisant de la part des éleveurs, et répond aux critères de beauté exigés, on passe à la seconde étape, celle de la reconnaissance provisoire. Cette fois, un club officiel affilié est fondé et le standard des points peut être modifié en fonction de l'expérience acquise durant la période préliminaire. Durant toute cette étape, les chats peuvent participer à des classes hors championnat.

Aux États-Unis, l'étape provisoire dure généralement un an, mais en Grande-Bretagne s'étend sur deux ans (parfois plus) avant que la race n'ait connu un succès suffisant lors d'expositions félines pour être définitivement reconnue. Ce n'est qu'à ce moment-là qu'une race ou une variété pourra participer à des concours. Le degré de reconnaissance obtenu par une race est généralement mentionné dans cet ouvrage.

Variétés

La plupart des races regroupent un certain nombre de variétés, très peu pour certaines (voir une seule), jusqu'à deux cents et davantage, pour d'autres. Celles-ci sont le résultat de l'interaction de plusieurs gènes responsables de la couleur et du dessin de la robe. Identifier un chat revient à en déterminer à la fois la race et la variété. En principe, toutes les races de chats domestiques que l'on trouve en Occident sont décrites dans cette ouvrage. En revanche, ne sont évoquées que certaines variétés. Lorsque les races sont représentées par plusieurs variétés, les renseignements fournis concernent généralement la race dans son ensemble et vous aurez tout intérêt à lire ces différentes présentations pour vous en faire une idée plus complète. Vous trouverez une description des gènes responsables des couleurs et dessins, ainsi que des variétés qui résultent de ces diverses combinaisons de la page 116 à 119.

Il importe de comprendre que si l'on peut introduire dans une race tous les types de robes (couleur/dessin), ou presque, ces caractéristiques sont peu utiles pour identifier cette même race. En pratique, toutefois, la plupart des races comptent un nombre limité de variétés, mais beaucoup partagent certaines couleurs. Le tableau en pages 120-121 dresse une liste des différentes couleurs et dessins que l'on peut rencontrer dans chaque race. Si vous estimez, par exemple, avoir identifié un maine coon blue van, reportez-vous au tableau qui vous montrera très clairement que le dessin van n'existe pas officiellement pour cette race, mais qu'on le trouve chez le norvégien, qui lui ressemble beaucoup.

Le dernier paragraphe de chaque page contient des détails sur les races que l'on peut confondre avec celle décrite. Leur examen vous permettra de confirmer, ou non, votre identification.

Type

La caractéristique fondamentale utilisée dans la classification des races félines est le type. Il englobe la taille, la forme et les proportions des principales parties du corps — tête, oreilles, corps, pattes et queue. Sont reconnus deux types opposés : le chat compact, massif, aux pattes courtes et à la tête large, ronde, illustré par des races comme le persan ou le british shorthair (chat européen) ; et le chat mince, souple, aux pattes longues et à la tête triangulaire, comme le siamois. Le terme général de cobby fait référence à tous les exemples se rapportant à la première catégorie.

Dans la mesure où les races cobby se sont historiquement développées en Occident, elle sont considérées comme distinctes de toutes les autres, qui appartiennent pour leur part au type foreign (étranger). Bien que certaines races de cette catégorie soient d'origine asiatique, le terme de foreign n'indique en lui-même aucun lieu d'origine. Les races foreign qui révèlent un type siamois extrêmement marqué sont alors décrites comme étant de type oriental.

Entre le persan et le siamois, on trouve plusieurs types intermédiaires. Certains sont propres à une seule race ; c'est notamment le cas du type du devon rex qui, manifestement oriental, a pris une forme unique en son genre. D'autres sont partagés par plusieurs races, tel le type foreign intermédiaire qui regroupe le burmese, le bombay, le burmilla et le tiffanie, dont la spécificité est basée sur d'autres caractéristiques comme la longueur ou la couleur de la robe. Il était impossible de recenser dans cet ouvrages tous les types existants. Il faut parfois un œil entraîné pour les différencier, mais leur classification vous sera facilitée par les symboles de subdivision fournis page 9. Vous trouverez plusieurs exemples de types de base en pages de garde.

Le type est fréquemment mentionné dans cet ouvrage, mais n'oubliez pas qu'il peut exister des variations à l'intérieur même d'une race. Certains chats en fournissent un meilleur exemple que d'autres, même s'ils disposent du même pedigree.

Lecture d'une page

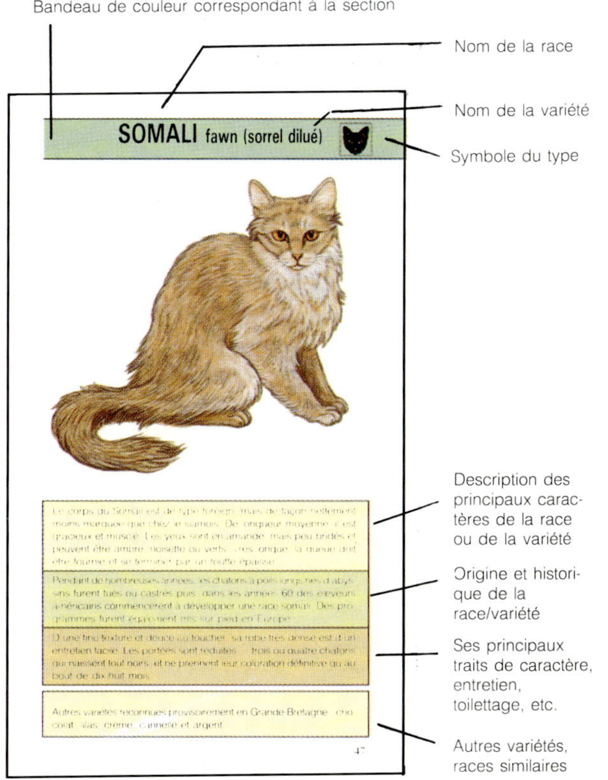

PERSAN blanc aux yeux bleus

C'est un chat au corps puissant et massif, aux pattes courtes, à la face aplatie, comme tous les persans. De texture soyeuse, la robe est d'un blanc immaculé. Il existe des variétés aux yeux orange et vairons (bleu et orange). Les individus aux yeux verts ne sont pas répertoriés. Le cuir du nez est rose.

Originaires du Moyen-Orient, ils furent importés en Europe dès le début du XVIe siècle. Les éleveurs anglais les accouplèrent à des angoras turcs à robe soyeuse et aux yeux bleus. Ils ont hérité leurs yeux orange de leurs ancêtres persans.

Chat placide et affectueux, il fait preuve d'un calme olympien. Il passe des heures à se laver, mais nécessite un brossage régulier pour débarrasser sa fourrure des taches marron dues à la graisse des poils. Beaucoup souffrent de surdité congénitale.

Le persan chinchilla lui ressemble mais possède des yeux verts et un tipping noir. On retrouve la même variété d'yeux chez l'angora turc, le maine coon et le norvégien.

Chat cobby, très massif, aux pattes courtes. Comme chez tous les persans, la tête est ronde et large, avec des joues pleines, un nez court et de petites oreilles très espacées. Les yeux sont grands, ronds, de couleur orange ou cuivre, la robe très longue, flottante, est d'un noir brillant et profond.

Ce fut la première variété reconnue en Grande-Bretagne. Chat de compétition très apprécié depuis plus d'un siècle, il fit son apparition lors de la première exposition féline en 1871. Il est aujourd'hui très différent des premiers persans noirs.

Affectueux, il est aussi plus actif que le persan blanc. Une coloration unie est difficile à obtenir, mais la teinte grise ou brune des chatons devient d'un noir profond à six mois. La lumière du soleil et à l'humidité leur donnent des reflets roux.

Il diffère des autres persans par la couleur de sa robe, la forme du corps et de la tête. Le persan fumé noir présente toujours des zones de coloration moins soutenue sur les flancs.

PERSAN bleu

Chat au corps puissant, aux pattes courtes et à la tête ronde, qui diffère peu des autres persans. La robe doit être très longue et d'une coloration uniforme, sans poils blancs. Aux différents tons de bleu-gris, on préfère les teintes plus pâles. Marques tabby chez les chatons qui disparaissent à l'âge adulte.

Cette coloration résulte d'un croisement entre persans noirs et persans blancs. Le persan bleu est celui qui se rapproche le plus de la perfection recherchée par les éleveurs. Il est utilisé pour améliorer la race et créer de nouvelles variétés.

Chat doux, affectueux, d'un caractère égal. A ses débuts, il fut apprécié dans la haute société britannique, sans doute parce que la reine Victoria possédait un couple de persans bleus. Il devint ainsi le symbole d'un certain statut social.

Sa face aplatie et petite, ses oreilles espacées sont caractéristiques, tout comme sa robe brillante, d'un effet décoratif avec lequel les autres bleus à poils longs ne peuvent rivaliser.

Moyennement, voire très foncée, sa robe doit offrir une tonalité chaleureuse, sans la moindre ombre, marque ou poils blancs. Les yeux sont cuivre ou orange foncé. Son corps est celui d'un persan : massif et puissant, avec une large tête, un nez court et de petites oreilles bien écartées.

Cette couleur apparut pour la première fois dans le programme colourpoint (voir p. 32). Il est considéré aux États-Unis comme un himalayen, malgré la couleur de ses yeux. En Grande-Bretagne, comme une simple variété de persans.

Sa teinte chocolat est le seul legs des siamois qu'ait conservé cette variété. C'est un chat affectueux, d'un caractère facile, comme tous les autres persans. Il constitue avec sa version diluée, le lilas, les persans les plus rares.

Le seul autre persan avec lequel on puisse le confondre est le persan noir, lorsqu'il présente une tonalité rouille qui le rapproche du brun.

L'utilisation de persans bleus pour améliorer le type colourpoint produisit quelques chatons lilas point unis. Ils furent encore perfectionnés ces dernières années pour créer cette magnifique variété. La couleur est chaude, d'un ton gris colombe teinté de rose, et ne doit présenter aucune marque.

Le lilas est une forme diluée du persan chocolat. Deux seuls persans de couleur unie dérivant du programme d'élevage colourpoint, ils sont parfois appelés kashmir aux États-Unis pour les distinguer des autres variétés.

D'un tempérament similaire au persan chocolat. Il est encore difficile d'obtenir une robe uniforme et la perfection est rarement atteinte par les éleveurs. C'est pourtant un chat dont le succès ne cesse de croître.

La variété lilas se rencontre chez les angoras à poils longs, qui appartiennent à un type différent. Impossible de confondre la tête d'un véritable persan, avec celle d'une autre race.

Avec sa robe orange et ses yeux cuivre, il constitue la variété la plus étonnante de la race. Sa fourrure ne doit comporter aucune marque tabby, difficile à masquer. Son long pelage parvient à les dissimuler, mais elles persistent sur la tête. Les exemples parfaits de persans roux restent rares.

Apparu dès 1880, le persan roux s'est avéré difficile à produire et il disparut totalement durant la Seconde Guerre mondiale. On est parvenu aujourd'hui à pallier l'absence de femelles (gène roux lié au sexe) et cette variété suscite un regain d'intérêt.

Le gène qui supprime les marques tabby dans les autres couleurs unies est inefficace sur le roux. Obtenir une couleur uniforme est impossible — ces marques peuvent seulement être dissipées par une scrupuleuse sélection de la race sur une longue période.

Comme tous les persans, le type de cette variété se distingue immédiatement des autres chats roux que l'on peut rencontrer dans les races à poils longs.

Son corps puissant, sa large face plate, et sa robe d'une couleur appelée crème du Devonshire, produisent un persan d'une très grande distinction. Sa robe varie du crème pastel au beige, en passant par l'ivoire chaud, sans ombre ni marque d'aucune sorte, jusqu'à la racine du poil.

Descendant probablement des angoras « fawn » (sans lien de parenté avec la race moderne du même nom), le persan crème était autrefois considéré comme un production non souhaitée du programme roux. Au début du XXe sièclè il devint à la mode.

Le crème est une version diluée du persan roux, et les marques tabby, génétiquement inévitables, sont plus facilement masquées. Présentes sur les chatons, elles disparaissent au bout de dix semaines. Comme chez tous les persans, la portée est réduite.

On peut le confondre avec les persans roux ou cameo crème, mais chez ces variétés la couleur se limite au seul bout des poils, et n'englobe pas toute la profondeur de la robe.

Sa robe doit être sable chaud, à fines rayures noires, dont le dessin, comme chez tous les tabby, est nettement spécifié : une marque en forme de M sur le front, la forme d'un papillon sur les épaules, trois lignes parallèles le long de la colonne vertébrale et une marque en forme d'huître sur les flancs.

Très appréciés dès leurs premières apparitions, les brown tabby sont devenus rares en Grande-Bretagne, mais sont plus nombreux aux États-Unis. Dès 1885, un amateur offrit 1000 dollars (plus de vingt fois le prix habituel), pour un individu superbe.

Des croisements non consanguins, prudents, réguliers, sont nécessaires au maintien de la couleur et au contraste du dessin. Les brown tabby nécessitent un brossage régulier pour aplatir la fourrure et ainsi intensifier la présence des marques.

Cette variété est parfois confondue avec le persan tabby chocolat aux marques marron sur un fond couleur bronze. On rencontre la variété mackerel uniquement aux États-Unis.

PERSAN écaille-de-tortue

Chez ce chat, la couleur est un mélange de noir, roux et crème, en taches régulières bien délimitées, sans mélange ni couleur intermédiaire. Dans l'absolu, aucune couleur ne doit dominer. Une flamme plus pâle courant du sommet de la tête au nez est particulièrement appréciée.

Bien que ne faisant pas partie de l'une des variétés de persans importées d'Asie, l'écaille-de-tortue (tortie) est sans doute né d'accouplements entre persans noirs et européens écaille-de-tortue à poils courts. Développement simultané à celui du roux.

Tous les chats écaille-de-tortue sont des variétés composées uniquement de femelles (les rares mâles sont presque toujours stériles). Leur reproduction est très hasardeuse. La moitié d'entre elles héritent de la couleur écaille-de-tortue de leur mère.

Aucune autre variété écaille-de-tortue à poils longs ne possède ce corps puissant et cette tête ronde. Reconnaissance provisoire d'une version chocolat/roux/crème en Grande-Bretagne.

Le bleu-crème est une version diluée de l'écaille-de-tortue chez lequel le noir est remplacé par le bleu et le roux (orange) par le crème. En Europe, on trouve des couleurs subtilement entremêlées, tandis que le standard américain exige la présence de taches distinctes, sans couleur prédominante.

Il fit sa première apparition dans les années 1890 à l'issue de croisements entre persans bleus et persans crème, afin d'améliorer le type des persans crème et créer des persans bleus plus pâles. Le bleu-crème est reconnu mais difficile à fixer.

La variété écaille-de-tortue compte seulement des femelles. Les premiers croisements qui aboutirent à cette variété furent un succès, avec la création d'un chat au caractère aimable, d'une compagnie très agréable pour les personnes seules.

Il ressemble parfois au persan bleu, mais son panachage est différent. Les robes teintées de roux sont disqualifiées. Reconnaissance provisoire d'un lilas-crème en Grande-Bretagne.

Plus grand que les autres persans, le bicolore arbore des zones de couleur unie sur fond blanc. Le standard américain exige que la poitrine, le poitrail, les pattes et le museau soient blancs, tandis que la réglementation anglaise est moins précise. Une marque en V renversé courant du nez au menton est appréciée.

Il a fallu attendre la fin des années 60 pour que le persan bicolore soient définitivement reconnu, mais le premier standard, qui exigeait des marques symétriques, fut assoupli. Depuis leur nombre n'a cessé de croître.

Les croisements non consanguins assurent à cette race sa robustesse et sa santé. Comme chez tous les persans, la robe doit être bien entretenue et les zones blanches nettoyées régulièrement. Les femelles se montrent des mères attentives.

Les versions noire, bleue, rousse et crème sont partout reconnues. La Grande-Bretagne autorise aussi les chocolat et blanc, lilas et blanc. Sont également admis les tons tabby et le blanc.

Chez ce persan, le blanc se mêle à des teintes écaille-de-tortue. Le standard européen exige qu'il présente du blanc, également réparti, sur un tiers à la moitié de la robe, tandis qu'en Amérique du Nord, ce chat est décrit comme blanc avec des marques colorées, le blanc devant l'emporter sur le ventre et les pattes.

La création d'une version bicolore était l'un des objectifs des premiers éleveurs d'écaille-de-tortue, mais elle s'avéra difficile à réaliser car on ignorait à peu près tout des relations entre le gène orange et le sexe de l'animal.

Autrefois, on estimait que la robe de cette variété était d'une texture différente de celle des autres persans et, par conséquent, plus facile à entretenir. Les individus modernes, toutefois, diffèrent peu des autres variétés et doivent être brossés.

Il existe des versions de mêmes couleurs que dans l'écaille-de-tortue, mais seuls le calico et le calico dilué (Grande-Bretagne — tortie bleu et blanc) sont reconnus en Amérique du Nord.

L'apparence étincelante, métallique de ce superbe chat est due à la présence de pointes courtes, noires, sur des poils d'une parfaite blancheur sur tout le corps, à l'exception des parties inférieures. Les yeux, bleu-vert ou émeraude, ressortent étonnement dans l'obscurité. Une collerette très longue est très recherchée.

Le premier chinchilla est apparu dans une portée de tabby argent à la fin de l'époque victorienne. Les premiers individus différaient chats actuels, étaient plus foncés, avec des yeux de couleurs variées, et portaient souvent des marques tabby.

Bien que dotés d'une ossature plus fine que les autres persans, ils sont tout aussi robustes et vifs. Les chatons portent souvent des taches tabby qui disparaissent à maturité. Les chatons les plus foncés deviennent souvent les plus pâles à l'âge adulte.

La couleur des yeux et la robe étincelante les distinguent des persans blancs. Les cameo roux et crème aux yeux orange foncé sont les seuls persans shell-tipped de couleur unie.

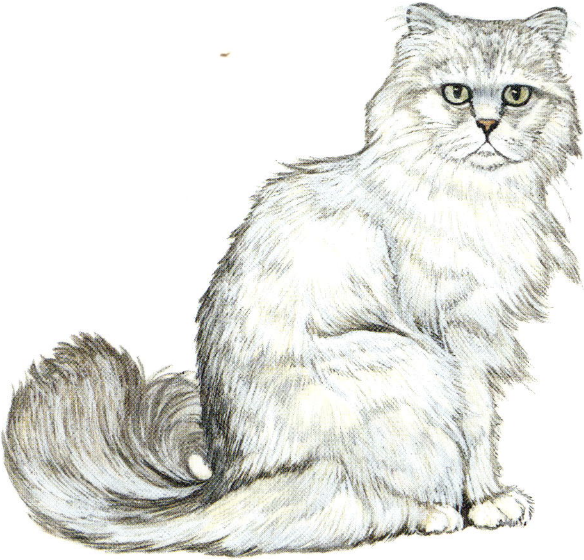

C'est un chat argent aux pointes noires, plus longues que chez le chinchilla. L'ombre noire qui recouvre la face descend le long du dos jusqu'au bout de la queue, se dilue progressivement en blanc pur sur le ventre, tandis que l'extérieur des pattes reste de la même teinte que la face. Plus foncé que le chinchilla.

Cette variété très ancienne, démarquée dès 1902 en Grande-Bretagne du persan chinchilla, fut oubliée parce que difficile à distinguer du chinchilla classique. Les silver shaded n'ont été homologués qu'en 1976.

Chinchillas et silver shaded peuvent se trouver dans une même portée. A la naissance, tous les chatons sont tabby noir. Il faut attendre pour les différencier. Une robe parfaite est difficile à obtenir. Un entretien méticuleux est indispensable.

On peut confondre cette variété avec le persan pewter aux ombres foncées sur un pelage blanc. Les yeux du Pewter sont toutefois orange ou cuivre et non vert émeraude.

PERSAN red shaded cameo

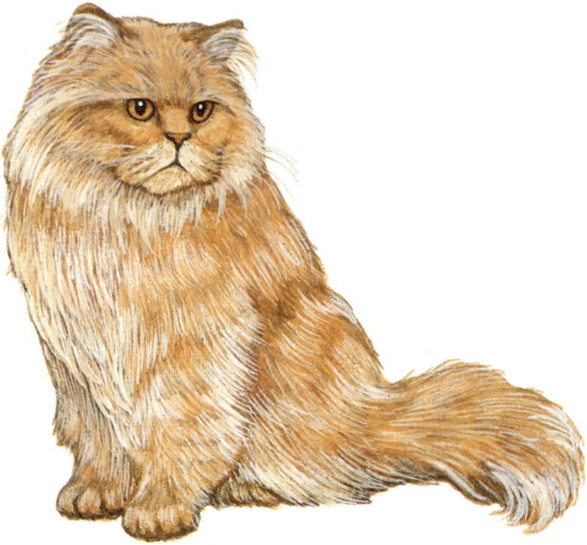

Variété silver chez laquelle le sous-poil d'un blanc pur révèle un tipping moyennement prononcé, plus foncé sur le masque, le dos, le bout de la queue et les pattes, plus pâle sur les flancs, la collerette et le ventre. La collerette doit être suffisamment longue pour faire ressortir le contraste des teintes.

Les cameo, créés aux États-Unis en 1954, sont des croisements entre écaille-de-tortue et fumé. En Angleterre, ce nom concerne les versions shell et shaded, rousse, crème et écaille-de-tortue ; aux États-Unis s'ajoutent : red smoke et tabby red-tipped.

Affectueux et décoratifs, les shaded cameo ont aujourd'hui un vif succès. Ce sont des animaux sains, très représentatifs du type persan, grâce sans doute à leurs croisements non consanguins. À la naissance, les chatons sont presque blancs.

La répartition du tipping varie entre les variétés shaded et fumé. Les shaded cameo semblent porter une cape colorée, les fumés présentent une tête et des pattes plus foncées.

PERSAN chocolate smoke

Persan fumé chocolat

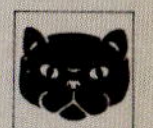

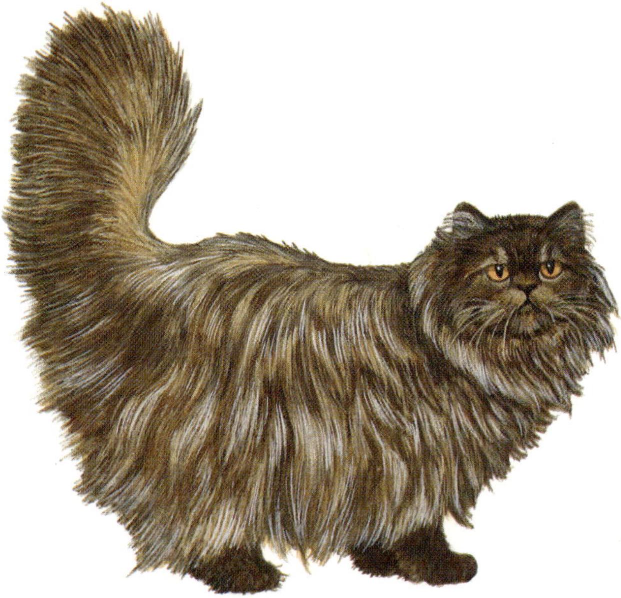

Chez le persan fumé, le tipping de la robe blanche varie selon les parties du corps : long, presque jusqu'aux racines, sur le dos, la tête et les pieds, plus court sur les flancs et la collerette. D'où un chat superbe à la collerette et à la robe contrastées qui changent de nuances lorsque le chat est en mouvement.

D'abord obtenu à partir de croisements entre persans noir, bleu et argent, il est maintenu par des croisements non consanguins avec ces variétés. Peu nombreux en Grande-Bretagne, les fumés connaissent un vif succès aux États-Unis.

D'un entretien plus difficile que pour la plupart des persans. Les chatons arborent une robe unie pendant de nombreux mois, qui reste sensible à l'humidité et au soleil. Des éleveurs estiment qu'on ne peut en maintenir la couleur que deux mois par an.

Autres persans fumés : fumés noir, bleu et roux (USA — cameo), fumé écaille-bleu crème (G.-B. et USA.), et lilas, crème, chocolat-écaille et lilas-écaille (G.-B. seulement).

Chez cette ancienne variété, les marques doivent être d'un noir d'ébène sur un fond argenté (blanc avec tipping noir, court). La collerette doit être argentée et fournie. En Grande-Bretagne seul est accepté le dessin tacheté classique, tandis qu'aux États-Unis le mackerel est reconnu. Les yeux sont verts ou noisette.

Chat rare, même aujourd'hui, mais toujours présent aux expositions depuis leur création. Au début, toutefois, le standard était pauvre, avec seulement des marques sur les pattes et la tête. Depuis, il s'est beaucoup amélioré.

Combiner le type persan aux couleurs noir de jais et argent à une robe tabby est une tâche difficile. Les éleveurs sont souvent déçus par l'apparition d'une teinte marron, ou par un médiocre contraste entre dessin et fond.

On trouve d'autres silver tabby à poils longs chez l'angora, l'angora turc, le tiffanie, le maine coon et le norvégien, mais aucun ne possède le type distinctif du persan.

PERSAN golden

Persan doré

Ce chat possède une robe au tipping standard avec un sous-poil dont la couleur varie du crème à l'abricot. En théorie, toutes les couleurs de tipping sont acceptées mais il est généralement noir. On trouve aussi des variétés écaille, mais elles ne sont pas distinguées des shaded en Grande-Bretagne.

Ils font souvent leur apparition lors de programmes d'élevage de chinchillas mais ce n'est que très récemment qu'ils furent reconnus comme une variété à part entière. Il existe aujourd'hui toute une gamme de couleurs.

Le golden est une variété récente et assez rare. Il n'y a aucune raison de supposer qu'il ne possède pas les mêmes qualités que les autres persans : port aristocratique, tempérament calme, affectueux et sociable, même avec les autres chats.

Bien qu'en apparence un simple chat roux, il se distingue des cameo et red smoke par ses yeux verts. La version shell-tipped est parfois appelée golden chinchilla.

Les colourpoint combinent la robe longue et le corps des persans aux couleurs et marques des siamois. La couleur plus sombre des extrémités (masque, oreilles, queue et pattes) constraste fortement avec celle plus pâle de la robe. Comme chez les siamois, les yeux doivent être d'un bleu soutenu.

Après plusieurs échecs, on parvint à créer cette variété au début des années 20, mais elle dut attendre le milieu des années 50 pour connaître le plein succès avec sa reconnaissance des deux côtés de l'Atlantique.

Les colourpoint ont hérité des marques de leurs ancêtres orientaux, mais non de leur tempérament extraverti. On retrouve chez eux le tempérament calme des persans. Comme chez tous persans, les portées sont réduites (de deux à trois chatons).

On trouve toutes les couleurs standard et les extrémités peuvent être tabby ou tortie. Les autres races à poils longs aux marques de siamois sont le balinais, le birman et le ragdoll.

PERSAN colourpoint blue tabby point

Les extrémités présentent des marques tabby distinctes, ainsi qu'une marque en forme de M sur le front, des anneaux interrompus sur les pattes antérieures et la queue, des barres sur le devant des pattes postérieures. La robe d'un blanc glacé peut prendre une teinte reflétant celle des extrémités.

Fixer le type persan tout en respectant des exigences de couleur précises fut une tâche longue et difficile. En effet, un simple croisement entre un persan et un siamois donne des chatons à poils courts, à la robe unie.

La teinte de la robe fonce parfois après la deuxième mue. Les chatons naissent d'un blanc crème uniforme. Les extrémités commencent à s'assombrir après quelques jours mais peuvent mettre un an pour atteindre leur pleine intensité.

En apparence, le balinais est celui qui se rapproche le plus de cette variété, mais sa fourrure est plus courte — un défaut chez les persans colourpoint.

PERSAN peke-face red tabby

Variété conforme au type persan à l'exception de sa face de péki-
nois. Très court, le nez dont le stop est relevé au niveau du front marque un creux entre les yeux particulièrement proéminents. Une ride
court le long du museau de l'intérieur des yeux pour rejoindre les
côtés de la bouche.

C'est le produit d'une mutation spontanée entre persan roux et persan red tabby. Cette variété jouit d'une extraordinaire popularité aux
États-Unis, mais elle n'est pas reconnue en Grande-Bretagne en raison des problèmes de santé qu'elle rencontre nécessairement.

Lorsque la difformité du nez est exagérée, ce persan connaît des
problèmes respiratoires. Une médiocre occlusion des mâchoires
l'empêche de mastiquer correctement et la déformation du museau
provoque une obstruction des canaux lacrimaux.

Les peke-face sont uniquement roux et red tabby. Les caractéristiques faciales n'étant décelables chez les chatons qu'après plusieurs
mois, on peut les confondre avec des standards.

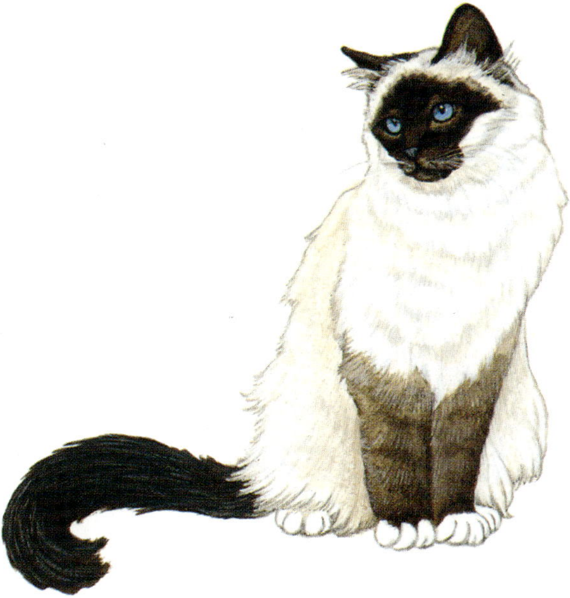

Le birman est une race exclusivement colourpoint qui se distingue par ses mitaines blanches. Le corps est massif mais plus court et moins cobby que chez les persans et la robe est moins dense. Le birman est peut-être le seul chat dont la race ait été fixée en France, à partir des années 20.

Selon la légende, ces chats auraient été les gardiens d'un temple en Birmanie, il y a des siècles. En 1919, une femelle enceinte fut envoyée d'Indochine en France où l'on développa la race. Celle-ci fut reconnue en 1925.

Sa beauté, son intelligence, son caractère affectueux et joueur font du birman l'un des chats à pedigree les plus appréciés. Vite adulte, il peut se reproduire dès la première année. La portée comporte géné-ralement de trois à cinq chatons.

Il est parfois difficile de distinguer le birman du mitted ragdoll, mais ce dernier possède un corps plus massif, une queue un peu plus longue et ses yeux sont plus bridés.

BIRMAN blue point

D'une forme intermédiaire entre celle du persan et celle du balinais, la tête du birman est plutôt large et ronde avec un nez d'une longueur moyenne. Chez le blue point, la robe est d'un blanc bleuté avec des pointes bleu-gris, plus foncée chez les individus américains. Ses yeux doivent être d'un bleu très soutenu.

Malgré sa presque complète disparition pendant la Seconde Guerre mondiale, il refit surface en France et fut importé en Grande-Bretagne dans les années 60. Aux USA, la race fut établie en 1960, grâce à des chatons provenant d'un temple tibétain.

Les femelles en chaleur sont souvent insatiables. Elles se révèlent des mères attentives, dont les portées comportent généralement quatre chatons. Comme chez tous les chats à poils longs, il faut les brosser très régulièrement.

Aux États-Unis sont reconnus les seal point et blue point, de même que les variétés lilas et chocolat. En Angleterre, s'ajoutent les tabby, tortie et tortie tabby.

RAGDOLL seal point

C'est un chat au corps massif, colourpoint, semblable au birman, mais à la fourrure plus lourde et plus épaisse. Sa principale qualité reste son extraordinaire placidité. Lorsqu'on le prend dans les bras, il relâche tous ses muscles et devient mou comme une poupée de chiffon, d'où son nom (*ragdoll* en anglais).

L'origine de cette race est très controversée. Selon certains, elle serait issue d'une seule chatte (aux USA) qui aurait acquis son étonnante passivité après avoir été renversée par une voiture, un trait de caractère qu'elle aurait transmis à sa descendance.

Outre sa docilité, il a la réputation d'être insensible à la douleur (ce qui est faux), et de ne pas connaître la peur. Ne comptez pas trop rencontrer un ragdoll qui corresponde à cet image : beaucoup sont aussi actifs que n'importe quel autre chat !

La variété colourpoint existe sous trois formes : unie (comme ci-dessus), mitted (gants et bottes blanches) et bicolore (des zones blanches peuvent être présentes).

"

C'est un chat à la tête large, aux joues bien pleines et au museau rond. Le nez est moyen et son profil n'est que très légèrement cassé. La variété mitted présente des bottes et des mitaines blanches, ainsi qu'un plastron blanc du menton au ventre. Une flamme étroite et blanche sur le nez est admise.

La théorie de « l'accident de la route », qui serait à l'origine de la race, doit être écartée pour des raisons génétiques. Il est plus vraisemblable qu'elle fut développée à partir de l'élevage sélectif d'une portée qui fit preuve d'une extrême docilité.

L'absence de peur s'accompagne chez le ragdoll d'une répugnance à se battre. D'où sa grande vulnérabilité face aux autres chats, chiens et enfants. Très patient, c'est un compagnon dévoué et affectueux, bien adapté à une vie en appartement.

Cette variété est la plus proche du birman, bien que plus petite et plus trapue, avec une fourrure plus dense, des yeux plus en amande et un caractère très différent.

La variété bicolore est une extension de la version mitted chez laquelle le gène responsable des motifs blancs s'est développé. Le blanc doit être présent sur le bavoir, la poitrine, le ventre et les pattes postérieures. Une marque blanche en V inversé descendant du nez au museau et au menton est très appréciée.

En dépit du mystère qui entoure ses origines, on sait que cette race fit son apparition en Californie dans les années 60. Son caractère a séduit nombre de gens et il est en cours de reconnaissance des deux côtés de l'Atlantique.

Les chatons naissent presque blancs, et mettent parfois jusqu'à deux ou trois ans pour atteindre leur coloration définitive. La fourrure, s'écartant en mèches lorsque le chat est en mouvement, exige peu d'entretien. Elle est un plus courte en été qu'en hiver.

On trouve des colourpoint bicolores chez les orientaux à poils longs — version américaine de l'angora britannique pour lequel les variétés colourpoint ne sont pas acceptées (voir p. 54).

Il présente un corps de type foreign, moins marqué que chez le siamois. Le tête est semblable à celle des burmese et les yeux sont jaune doré. La fourrure de la queue est plus longue que celle du corps ; il porte une collerette distinctive autour du cou. Ci-dessus version burmese du tiffanie noir.

Développé en Angleterre (de même que le burmilla et d'autres poils courts du groupe asiatique) par un élevage sélectif après un accouplement accidentel entre un burmese et un chinchilla en 1981. Il obtint une reconnaissance préliminaire en 1990.

Sa gentillesse et son caractère égal sont les deux caractéristiques que les éleveurs cherchent à fixer chez les tiffanie. La robe est fine et soyeuse et, comme chez la plupart des chats à poils semi-longs, couleur et longueur se développent lentement.

La plupart des teintes (ainsi que les versions burmese) et robes sont admises, à l'exception des bicolores et colourpoint. Chat plus fragile que le maine coon ou le norvégien.

MAINE COON bleu

C'est un chat puissant, très musclé, d'apparence sauvage. La robe est lourde, plus courte sur les pattes antérieures, plus longue sur le dos et les flancs, plus broussailleuse sur le ventre et la culotte de cheval. En dépit de son volume, la fourrure est soyeuse. La queue est longue et se termine par une touffe en plumet.

C'est l'une des plus anciennes races d'Amérique du Nord. Il descendrait de chats à poils longs, peut-être des angoras, et aurait été importé dans le Maine par des marins en 1850. Là, il s'accoupla avec des poils courts pour donner diverses variétés.

Formidable animal de compagnie, affectueux, joueur et intelligent. D'un entretien facile, sa robe doit être régulièrement brossée pour éviter les nœuds, en particulier sur la poitrine et le ventre où la fourrure est plus longue. Ce sont de redoutables chasseurs.

On trouve toutes les combinaisons de couleurs et de dessins, à l'exception du chocolat, lilas et colourpoint. Certains chats à poils semi-longs, sans pedigree, leur ressemblent.

C'est la variété la plus courante. La couleur et le dessin de la robe rappellent ceux du raton-laveur, d'où le nom donné à la race. Les yeux du maine coon sont verts, dorés ou cuivre (mais aussi bleus ou vairons chez les chats blancs). Toutes les combinaisons de couleurs d'yeux et de robes sont admises.

Ils sont appréciés en Amérique du Nord depuis plus de deux cents ans, où ils sont utilisés pour la lutte contre les rongeurs. Dans les années 50, le *Central Maine Cat Club* s'est attaché à retrouver la pureté de la race, qui fut reconnue par la CFA en 1967.

Il faut parfois compter jusqu'à quatre ans pour qu'il atteigne sa taille définitive. En dépit de sa docilité et de son amour de la compagnie, c'est un chat aventureux qui peut supporter un minimum de confort, notamment les hivers rigoureux.

Il n'est pas toujours facile de distinguer un maine coon d'un norvégien. Il présente un museau plus large, un profil plus accentué et des oreilles un peu plus écartées.

MAINE COON bleu crème et blanc 

Les variétés bicolores, de couleurs et dessins les plus divers, y compris tortie et bleu crème, sont courantes. Le standard américain exige qu'un tiers du corps soit blanc. Le standard anglais est moins précis, mais tous deux s'accordent pour préciser que le bavoir, le ventre et les pattes doivent être blancs.

Un certain nombre de maine coon furent envoyés en Europe, par les Américains, notamment en Allemagne, où ils connurent un succès immédiat. Des individus furent importés en Angleterre en 1983, et la race fut reconnue par la GCCF en 1994.

Les portées sont réduites, dépassant rarement quatre chatons. Ils se développent assez lentement. L'héritage génétique du maine coon est si varié que les chatons d'une même portée peuvent présenter des combinaisons différentes couleur/dessin.

Les angoras turcs leur ressemblent, quoique plus petits, d'un type foreign plus marqué, aux yeux en amande, à la fourrure fine, soyeuse et ondulée (absence de sous-poil laineux).

Race originaire de Scandinavie. Des siècles de vie à l'extérieur par un climat très rude ont produit des chats d'une vigueur exceptionnelle, avec une robe épaisse. La tête est triangulaire avec un nez d'une longueur moyenne et droit. Les oreilles sont très écartées et parfois surmontées d'une touffe de poils.

On ignore ses véritables origines. C'est peut-être le chat de la mythologie scandinave, représenté sur d'anciennes gravures, ou celui des contes de fées du début du XIXe siècle. D'abord apprivoisé par des fermiers, il fut reconnu en 1977.

Doté d'une nature indépendante, c'est un chat très joueur, souvent même à un âge avancé, aimant la compagnie des humains. Il apprécie le libre accès vers l'extérieur. Ses griffes rétractiles lui servent à grimper aux arbres et à chasser.

Toutes les combinaisons de couleurs et de dessins, sauf chocolat, lilas et colourpoint, sont admises. Certains chats à poils semi-longs sans pedigree semblent se rapprocher de cette race.

NORVÉGIEN blanc et noir
Chat des bois de Norvège blanc et noir

Les variétés bicolores et tricolores présentent des zones blanches. Les chats des bois de Norvège sont puissants et dotés d'une robuste ossature. Leurs pattes sont trapues, plus longues à l'arrière, et leurs pieds larges. La densité de la robe dépend de la saison et atteint son épaisseur maximale en hiver.

Dans les années 70, cette race attire l'attention d'éleveurs non scandinaves. Elle fut reconnue par la FIFe en 1983, mais n'a obtenu qu'une reconnaissance préliminaire en Grande-Bretagne. Reconnaissance définitive de la CFA en 1994.

Malgré son épaisseur, sa robe imperméable exige peu d'entretien. Il mue à la fin du printemps et, en été, sa robe ressemble à celle d'un chat à poils relativement courts (absence de sous-poil laineux). Seule la fourrure de la queue reste longue.

Le norvégien est très proche du maine coon, mais il possède une queue plus fournie, un museau pointu, des yeux légèrement plus bridés et des oreilles moins écartées.

C'est un abyssin à poils longs qui arbore la magnifique robe agouti tiquetée de ses ancêtres. Une courte ligne verticale qui part des yeux est le seul souvenir qu'il ait conservé d'un dessin tabby. Des touffes de poils rappelant le lynx au bout des oreilles sont souhaitées, mais pas toujours présentes.

Considérés autrefois comme une mutation spontanée, on estime aujourd'hui qu'ils sont le produit d'abyssins sans pedigree à l'origine du gène récessif des poils longs. La race a été reconnue aux États-Unis en 1979 et en Europe par la FIFe en 1982.

Craintif, il se montre affectueux et joueur dès qu'il se sent en sécurité. Son apparence sauvage dément son caractère casanier, même s'il a besoin de passer des heures à l'extérieur. Il semble ne guère apprécier le froid.

L'angora est la seule autre race à poils semi-longs dotée parfois d'une robe tabby tiquetée. Autres couleurs reconnues : le sorrell (rouge, USA) le bleu et le fawn.

SOMALI fawn (sorrel dilué)

Le corps du Somali est de type foreign, mais de façon nettement moins marquée que chez le siamois. De longueur moyenne, il est gracieux et musclé. Les yeux sont en amande, mais peu bridés et peuvent être ambre, noisette ou verts. Très longue, la queue doit être fournie et se terminer par un touffe épaisse.

Pendant de nombreuses années, les chatons à poils longs nés d'abyssins furent tués ou castrés puis, dans les années 60 des éleveurs américains commencèrent à développer une race somali. Des programmes furent également mis sur pied en Europe.

D'une fine texture et douce au toucher, sa robe très dense est d'un entretien facile. Les portées sont réduites — trois ou quatre chatons qui naissent tout noirs, et ne prennent leur coloration définitive qu'au bout de dix-huit mois.

Autres variétés reconnues provisoirement en Grande-Bretagne : chocolat, lilas, crème, cannelle et argent.

 # ANGORA TURC blanc aux yeux bleus

Chat de taille moyenne, à l'ossature légère, aux pattes longues. Surmontée d'oreilles hautes, bien droites, sa large tête finit en pointe vers le menton. Les yeux en amande sont légèrement bridés. À ces caractéristiques s'ajoute une robe douce, soyeuse (absence de souspoil laineux) qui rehausse son élégance.

Cette race est née en 1962 aux USA, à partir de chats provenant du zoo d'Ankara, en Turquie. Ses adeptes la considèrent comme une résurgence de l'angora original, qui disparut à la fin du XIXe siècle par suite de croisements avec des persans.

L'angora turc possède un caractère doux, mais se montre très joueur. Lorsqu'il se déplace, sa longue queue se courbe horizontalement vers la tête. Chat d'intérieur idéal, il peut rester des heures sans bouger, dans la même position, tel un sphynx.

Certains puristes estiment que l'angora turc blanc est le seul véritable représentant de la race, mais il existe de nombreuses variétés. L'angora britannique est de type plus oriental.

CHAT TURC auburn
Chat turc du lac de Van

Connu sous le simple nom de turkish lors de sa reconnaissance en Angleterre, il rappelle l'angora turc, bien que plus robuste. Ses yeux peuvent être bleus, ambre ou vairons. La répartition des taches (crème ou auburn) sur la tête et la queue, à laquelle s'ajoute parfois des marques tabby, est caractéristique.

Cette race fut créée en Grande-Bretagne, à partir d'un couple importé de la région du lac de Van, en Turquie, en 1955. L'isolement géographique de sa région d'origine laisse penser qu'il est issu de l'angora turc auquel il ressemble beaucoup.

Son amour de l'eau est bien connu : lui donner un bain est assez facile. C'est un excellent nageur. La robe douce, soyeuse (absence de sous-poil laineux) atteint son épaisseur maximale en hiver. En été il ressemble parfois à un chat à poils courts.

Seule la variété auburn aux yeux ambre est reconnue en Grande-Bretagne. Variétés noire, bleue et écaille aux USA. On retrouve parfois le dessin van chez le norvégien.

Il est considéré comme une mutation naturelle, à poils longs, du siamois. Il n'existe que des variétés colourpoint. Il est doté d'un corps mince et d'une tête plutôt étroite, fuselée, de manière moins prononcée que chez le siamois. La robe plate, soyeuse, est plus courte que chez les persans colourpoint.

Dans les années 50, une siamoise accoucha aux USA de chatons aux poils pelucheux. Considérés d'abord comme des phénomènes, ils donnèrent naisssance à une véritable race. Introduite en Grande-Bretagne en 1974, elle est aujourd'hui reconnue.

Ses mouvements gracieux ne sont pas sans évoquer les danseurs balinais. Pourtant la race n'a aucun lien avec l'île de Bali dont elle tire son nom. C'est un chat agile et souple, sociable et affectueux, à la voix forte, irrésistible.

Seul chat à poils longs colourpoint, à la tête allongée. Aux USA, on ne considère comme balinais que les variétés seal, bleu, chocolat et lilas. Les autres variétés sont appelées javanais.

BALINAIS lilac point 

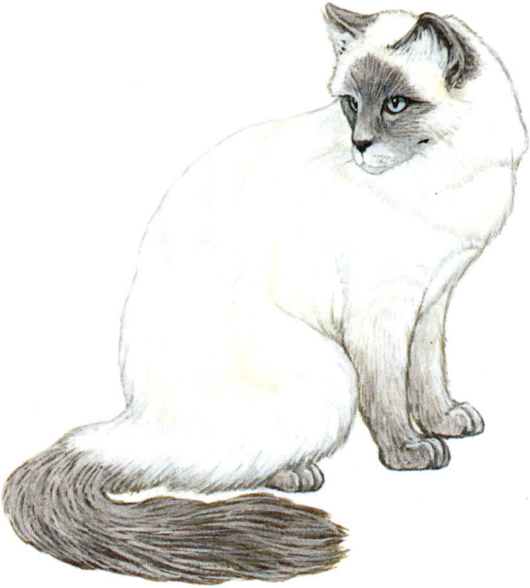

Les extrémités gris rose contrastent avec le corps d'une blancheur uniforme. Le corps du blue point est d'une couleur similaire, celui du chocolat point est ivoire. Comme chez tous les balinais, les yeux sont d'un bleu vif clair, en amande, disposés légèrement en oblique vers le nez.

Les balinais à la tête de forme moins orientale se distinguent des ragdolls par un corps plus mince, des mitted ragdolls et des birmans par l'absence de bottes blanches.

 # BALINAIS seal tabby point

Variété dont les marques tabby aux extrémités se traduisent par des bandes sur les pattes et la queue, des rayures autour des yeux, sur le nez et le front. Sur les sujets de couleur plus pâle, le dessin se distingue difficilement. En revanche, la marque en forme de M sur la tête est toujours visible.

Aux États-Unis, la reconnaissance du balinais date de 1970, une dizaine d'années après sa création. Elle se limite pour les extrémités aux quatre couleurs classiques des siamois. En Europe, les balinais ont reçu l'agrément de la FIFe en 1984.

Comme chez les chats siamois, la couleur du corps a tendance à foncer avec la croissance. Toutefois, même chez les variétés les plus pâles, le contraste entre les extrémités et la couleur de base doit rester apparent.

On trouve toutes les possibilités de marques — tabby, écaille et écaille-tabby — dans toutes les couleurs attribuées aux balinais par la Grande-Bretagne.

C'est la version à poils long du chat oriental ou, si l'on préfère, la version non colourpoint du balinais. Il présente un type foreign extrêmement marqué avec un corps tubulaire, des pattes maigres, longues, et une tête allongée, dont la forme triangulaire est encore accentuée par l'écartement de ses grandes oreilles.

La race fut créée en Angleterre au début des années 70 à partir de chats qui descendaient d'un couple de siamois et d'abyssin porteur du gène à poils longs. Elle a fait l'objet d'une reconnaissance préliminaire par la GCCF.

Les angoras sont des chats affectueux, bavards, très attachés à leurs maîtres et prêts à accepter d'autres animaux sur leur territoire. Ils sont gracieux et joueurs. Leur caractère doux et confiant rend leur entretien très facile.

L'angora turc, le maine coon et le norvégien sont aussi des chats à poils semi-longs, de couleur et de dessin similaires, mais chez l'angora le type oriental est plus marqué.

ANGORA (JAVANAIS) chocolate tortie

Une robe fine, soyeuse et une queue en plumet caractérisent cette race. Pas de sous-poil et le pelage est très serré. Les yeux sont verts (bleus et vairons — bleus ou verts — chez les chats blancs). Ce qui offre un contraste avec l'angora turc, de race différente, aux yeux généralement ambre, ou verts chez le silver tabby.

Variété enregistrée par la CFA, en 1988 (l'une des plus récentes) en Amérique du Nord. Elle y fut créée indépendamment du programme britannique utilisant des shortairs colourpoint et orientaux, des balinais, des javanais et des siamois.

Les portées comptent en moyenne quatre chatons, qui ouvrent les yeux et commencent à jouer plus tôt que ne le font les autres races. La robe atteint sa longueur définitive lorsqu'il a deux ans. Il perd ses poils en été, devenant un chat à poils courts.

La plupart des couleurs et des dessins sont admis, mais on ne trouve des exemples colourpoint qu'aux USA, où ils doivent être bicolores (blanc et une autre couleur).

C'est une version à poils courts du persan qui répond au standard de cette race à l'exception de la longueur de la robe. Son corps massif, cobby, repose sur des pattes courtes, épaisses ; la tête est grosse et ronde avec un nez retroussé et de petites oreilles bien écartées. Les yeux sont grands et ronds.

Produit d'un élevage sélectif aux États-Unis, dans les années 60, par le croisement de shortairs américains et de persans. Le but était de créer un persan beau et paisible, mais doté d'une fourrure plus facile à entretenir.

L'exotic est un compagnon agréable, loyal et affectueux, mais peu exigeant et souvent plus joueur que ces ancêtres à poils longs. Comme beaucoup d'hybrides, c'est un animal robuste et courageux qui cause peu de problèmes à son propriétaire.

Toutes les couleurs et combinaisons sont admises, des teintes unies avec tipping (argent et doré) au dessin van et colourpoint ; tabby classique, mackerel ou tacheté.

La robe de l'exotic est un peu plus longue que celle des autres chats à poils courts, mais sa principale caractéristique tient à son sous-poil, hérité du persan, donnant à son pelage une densité unique. Son toucher pelucheux et son apparence potelée ont valu à l'exotic le surnom de « chat-ours en peluche ».

La race fut définitivement reconnue en Amérique du Nord en 1967, et depuis cette date elle a concouru avec grand succès. Elle a été reconnue en Europe par la FIFe en 1984, et semble de plus en plus appréciée.

Leur relative rareté tient au fait que la moitié des chatons naissent à poils longs, dans la mesure où l'on est contraint d'utiliser des persans pour conserver et améliorer le type. Les portées sont généralement de quatre chatons.

Il arrive que certains individus, au type moins marqué, rappellent le british shorthair. Ce dernier, toutefois, ne possède jamais la fourrure épaisse de l'exotic.

L'uniformité dans la longueur de la robe est décisive : on ne doit pas discerner la moindre touffe de poils dans les oreilles ou au bout, ainsi qu'entre les pattes. Les yeux des variétés pointed sont bleu clair. Les variétés black tipped ont les yeux verts. Tous les autres, des yeux orange ou dorés.

Parmi les premiers exotic, certains furent accouplés à des burmese, afin d'améliorer le type (les burmese américains sont plus trapus), ce qui entraîna une modification non recherchée de la couleur, et leur exclusion.

L'épaisse fourrure a naturellement tendance à se dresser et ne pas rester collée au corps comme chez les autres chats à poils courts. Un phénomène dont on doit tenir compte lors des séances régulières de toilettage.

En dehors des variétés rex, deux races à poils courts, de type absolument opposé, peuvent être colourpoint : les siamois et les british shorthair (chats européens).

BRITISH SHORTHAIR noir

Européen noir

C'est un chat de type cobby classique : le corps est trapu, avec de larges épaules et une croupe reposant sur des pattes courtes, robustes. La tête est ronde, avec des joues pleines et un nez moyen ou court. De toutes les variétés unicolores, le shorthair bleu est considéré comme le plus proche de la perfection.

Considérée comme la race native de Grande-Bretagne, elle descendrait de chats introduits dans le nord de l'Europe par les Romains. Des croisements avec des chats de type persan ont abouti à la version cobby actuelle, à tête ronde.

Au cours de sa très longue histoire, le british shorthair dut se montrer très courageux, prêt à affronter toutes les adversités. Des conditions de vie difficiles qui ont sans doute favorisé la force de caractère et la constitution robuste dont il fait preuve.

On rencontre diverses robes unies mais en Europe la variété bleue est considérée comme d'un standard légèrement différent et en France comme une race séparée, le chartreux (p. 64).

BRITISH SHORTHAIR red classic tabby

Européen red tabby ou tigré

Un vrai tabby se reconnaît à ses marques clairement définies. La plupart des tabby sans pedigree présentent un médiocre contraste entre les zones pâles et foncées. Tous les british shorthair possèdent des oreilles relativement petites (plus grandes que chez l'exotic), des yeux grands et ronds, bien écartés.

La race fut créée au XIXe siècle à partir des plus beaux spécimens de chats de gouttière. Le type de taille moyenne, utilisé à l'origine, était issu d'ancêtres plus maigres, tout en jambes, tels qu'ils se présentaient au Moyen Âge.

Tous les british shorthairs sont d'un caractère facile, affectueux et intelligents — des qualités qui font de lui un compagnon idéal. Ils ont une voix agréable, se montrent rarement fantasques et ne sont pas d'humeur instable.

Les dessins sont classiques, mackerel et spotted tabby dans la plupart des couleurs. Ces chats sont souvent plus trapus et ont une tête plus ronde que les american shorthairs.

La robe du british shorthair est souvent courte, dense et ferme au toucher. Elle ne doit pas être soyeuse. Chez le shorthair écaille-de-tortue les couleurs doivent se mêler tout en restant chacune claire-ment définie, sans former de taches. En revanche, une flamme courte, étroite, sur la face est autorisée.

À l'apparition des pedigree pour chats, le british shorthair constitua la race dominante, mais à la fin du XIXe siècle elle fut largement dépassée par les persans (quatre contre un). Depuis il n'a retrouvé que partiellement sa popularité.

Des chats écailles-de-tortue sont difficiles à sélectionner, car, variété entièrement composée de femelles, il faut les accoupler avec des mâles unicolores (noirs, roux ou crème). Absence fréquente de chaton écaille-de-tortue dans les portées.

Il existe également une variété bleu crème (écaille-de-tortue diluée). Le lilas-écaille et le chocolat-écaille ont fait l'objet d'une reconnais-sance préliminaire en Grande-Bretagne.

BRITISH SHORTHAIR bicolore bleu et blanc

Européen bicolore

Le standard britannique exigait que dans les variétés bicolores les marques rappellent celles du lapin hollandais dont la symétrie est primordiale. Une exigence impossible et, en 1971, on autorisa un dessin plus libre, se contentant de limiter la présence des motifs blancs à un tiers, voire à la moitié du corps.

En Europe continentale, la race est connue sous le nom d'européen bicolore. La plupart des variétés sont jugées d'après les standards en vigueur en Grande-Bretagne et beaucoup possèdent un ou plusieurs ancêtres anglais.

Tous les membres de cette race sont de redoutables chasseurs de petits mammifères et d'oiseaux. Ils semblent souvent chasser pour le plaisir, sans y être poussé par la faim, et pour la plupart jouent indéfiniment avec leur proie.

Bicolores dans la plupart des couleurs ; tabby et écailles-de-tortue peuvent avoir des marques blanches. Les british shorthairs ont un nez plus long, des oreilles plus grandes que les exotic.

# BRITISH SHORTHAIR fumé crème

Chez les variétés fumées les pointes colorées des poils de garde doivent contraster avec le sous-poil blanc, d'où un effet étonnant lorsque le chat est en mouvement. Les vrais crème sont rares car l'aspect tabby est difficile à masquer dans les couleurs dérivées du roux, et de légères marques sont visibles.

Les british shorthairs attirèrent peu l'attention des éleveurs et demeurèrent rares pendant de nombreuses années. Un regain d'intérêt conduisit à leur reconnaissance définitive en 1980, mais limitée à quelques variétés.

Affection, nourriture et abri sont tout ce que les british shorthairs exigent de leur propriétaire. Il s'occupe seul de sa robe, mais comme chez tous chats à poils courts, un brossage occasionnel sera bénéfique, en particulier au moment de la mue.

Seuls les fumés noirs et bleus sont reconnus en France. En Grande-Bretagne la robe fumée est autorisée dans toutes les couleurs standard et leurs combinaisons écaille-de-tortue.

Un dessin noir se combine ici à une robe tipped blanche pour donner l'une des plus belles variétés. En règle générale, on considère les british shorthairs d'une apparence intermédiaire entre l'exotic et l'american shorthair. La plupart des autres chats à poils courts sont de type plus foreign.

Après la Seconde Guerre mondiale, l'absence de mâles obligea les éleveurs à recourir à d'autres chats de type foreign, d'où la disparition de l'aspect massif du british shorthair. Défaut rectifié par des croisements avec des persans bleus.

Quelle que soit la variété, c'est un chat idéal en famille. Il s'entend bien avec les enfants et tolère même la compagnie des chiens. Les portées sont généralement de quatre chatons qui se développent rapidement, se montrant actifs au bout d'un mois.

Tabby moucheté dans la plupart des couleurs (à l'exception du lilas et du chocolat aux USA). Peut se rencontrer dans les variétés untipped ou argent.

CHARTREUX

Originaire de France, il possède un corps massif et musculeux. La tête est ronde ; la robe, qui peut prendre toutes les teintes de bleu, est dense et légèrement laineuse. Les yeux varient du doré au cuivre, mais les préférences vont à l'orange foncé. Décrit comme un chat énergique et intelligent.

Il proviendrait de chats élevés par les moines chartreux français au XVIe siècle. Son croisement abusif avec des persans et des british shorthairs a modifié le type. La race américaine est la seule basée sur le cheptel français.

Le chartreux est très agile et joueur. C'est un chat très gentil, en particulier les mâles. Il possède certaines qualités du chien : il rapporte les objets qu'on lui lance, vient quand on l'appelle et se montre très dévoué envers son maître.

Considéré comme identique au british shorthair bleu, il possède toutefois une tête moins ronde et peut prendre toutes les nuances de bleu ou de gris (voir aussi bleu russe).

C'est un chat mince, musclé avec une robe brillante, courte et fine, et une queue assez effilée, de longueur moyenne. Le front est légèrement arrondi et assez large. Le brun est considéré par certains comme la seule véritable couleur de la race.

Ce fut la première race à pedigree développée en Amérique du Nord. Elle provient d'une femelle importée de Birmanie en 1930. Tout d'abord on utilisa un siamois mâle, puis la portée fut croisée avec la mère. Après plusieurs générations, la race fut fixée.

Le burmese est un chat très intelligent, qui adore la compagnie des humains. Ses acrobaties (on l'a souvent décrit comme une échasse-sauteuse animée) lui ont valu la réputation d'amuseur. Il s'adapte bien à la vie en ville ou à la campagne.

Le burmese adulte est brun foncé, un peu plus clair sur le ventre et l'intérieur des pattes. Les yeux peuvent prendre toute nuance de jaune, mais le doré est préférable.

Le chocolat et sa forme diluée, le lilas, firent leur apparition aux USA, dans les années 60. De nouvelles teintes ont été inscrites peu à peu dans la classification de la FIFe. Il existe notamment aujourd'hui des burmese bleu, chocolat, lilas, rouge, écaille-de-tortue, crème et bleu crème.

La race, reconnue par la CFA en 1936, fut suspendue entre 1947 et 1953, car le standard fut compromis par des croisements trop abondants avec des siamois. On importa alors des chats de Birmanie pour réduire les croisements consanguins.

Les burmese exigent peu d'attention. Mais ils apprécient un brossage vigoureux qui maintient l'apparence lustrée du pelage. Ils s'entendent très bien entre eux et nombre de propriétaires préfèrent en posséder deux plutôt qu'un seul.

Le burmese tend à être plus foncé aux extrémités, en particulier sur les oreilles et le masque. Également le cas chez le tonkinois (yeux bleu-vert), mais de manière plus marquée.

BURMESE blue tortie

Burmese bleu crème

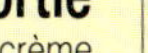

En 1970, des éleveurs développèrent des variétés rousse, crème et écailles-de-tortue. Elles furent reconnues par la GCCF, mais la CFA les considère comme une race séparée, la foreign burmese. Les quatre écailles-de-tortue (brun, bleu, chocolat et lilas) sont souvent plus pâles que chez les autres races.

Certains burmese brun furent exportés des USA en Grande-Bretagne, à la fin des années 40, et furent reconnus par la GCCF en 1952. La variété bleue fut développée en Angleterre peu après et obtint sa reconnaissance en 1960.

Les femelles sont très productives : une portée compte une moyenne de cinq chatons, mais peut atteindre jusqu'à dix chatons, qui se montrent très actifs. Longévité importante, souvent jusqu'à dix-huit ans, voire davantage.

Robe brillante, serrée, tête légèrement ronde, oreilles plutôt grandes, et couleurs spécifiques distinguent les burmese de la plupart des autres races.

BOMBAY

Burmese noir

Sa robe noir de jais, aux poils serrés, a l'aspect lustré des plus beaux cuirs. Une tête et un corps de type burmese caractérisent également ce chat de taille moyenne. Une apparence bien particulière encore renforcée par de grands yeux ronds, dont la couleur varie du jaune à l'orange lumineux.

En 1958, un éleveur américain décida de créer une panthère miniature en croisant un american shorthair noir avec un burmese zibeline. En 1976, le bombay fut reconnu par la CFA. Il jouit d'une reconnaissance préliminaire en Grande-Bretagne.

C'est un chat affectueux, très agile, et qui semble apprécier la compagnie des humains. Sa personalité rappelle celle d'un chien : on peut le promener en laisse, c'est un bon chasseur et il sait garder son territoire. Chat d'appartement idéal.

Il n'existe pas d'autres variétés. La seule race qui se rapproche du bombay est l'american shortair, mais la texture de la robe et la forme de la tête sont différentes.

BURMILLA blue silver

Burmese tipped (shell ou shaded) standard ou argent. Le tipping est le plus dense le long de la colonne vertébrale et de la queue, pour se disperser sur les flancs. Il présente de légères marques tabby sur la tête, les pattes et la queue. Un contour des yeux plus foncé est une caractéristique importante.

Race assez nouvelle, elle fut développée en Grande-Bretagne à l'issu d'un croisement accidentel entre un persan chinchilla et un burmese lilas. Un club d'élevage fut fondé en 1985. Il a été provisoirement reconnu par la GCCF en 1994.

Ce très beau chat, d'une grande élégance, connaît un succès croissant, mais sa population reste limitée. Quelques individus furent introduits aux USA. Il a la réputation d'être affectueux, d'un caractère égal et très discret.

Il y a des variétés de toutes les couleurs (sauf cannelle et fawn) ou des versions écaille. Son type le distingue des tipped de british et american shorthairs, oriental et exotic.

TONKINOIS brun

Chez cette race de type intermédiaire entre le burmese et le siamois, la couleur du corps contraste de manière peu marquée avec les extrémités plus foncées. La robe est fine, d'un brillant lustré, bien plate. Les yeux sont en amande et leur couleur peut varier du bleu-vert au bleu pâle.

C'est un hybride de siamois et de burmese, apparu au Canada à la fin des années 60 et reconnu par la CFA en 1984. En Grande-Bretagne, seules les couleurs burmese et leurs versions tabby et tortie tabby jouissent d'une reconnaissance préliminaire.

C'est un chat doué de caractère. Très actif, sa curiosité semble insatiable ; il apprécie beaucoup la compagnie des humains. Il peut se montrer obéissant, mais le meilleur moyen de freiner sa vivacité consiste à lui fournir un compagnon.

Autres variétés américaines : champagne mink (chocolat), blue mink et platinum mink (lilas). Le « faible contraste » du colourpoint caractérise cette race (voir aussi p. 66).

AMERICAN SHORTHAIR roux

Chat américain à poils courts

L'american shorthair présente davantage un type intermédiaire entre l'exotic, d'un côté, et l'oriental, de l'autre, que le british shorthair. Son corps est moins massif, ses pattes plus longues, ses yeux un peu plus obliques. On trouve la plupart des couleurs et des dessins, à l'exception du colourpoint.

Il n'existait pas de chats domestiques sur le sol américain avant l'arrivée de leurs ancêtres avec les premiers colons, au XVIIe siècle, en provenance d'Europe. Ils se développèrent très rapidement et leur nombre ne cessa de croître.

Le standard américain exige que soit évitée une sélection trop poussée qui affaiblisse sa rusticité. Il doit conserver le corps qu'il possédait à l'origine, lorsque chat robuste, chasseur de rats, il pouvait affronter les conditions les plus rudes.

Les autres couleurs sont : blanc, noir, bleu et crème. On peut confondre la race avec le british shorthair, mais le corps est moins allongé, la tête moins ronde, et le nez plus long.

La tête de l'american shorthair est massive, avec des joues pleines, légèrement plus trianglaire que ronde vue de face, avec un museau carré, de longueur moyenne. Les oreilles sont plus grandes que celles du british shorthair. Moyen à grand, son corps paraît plus long que haut.

Pendant deux siècles, le cheptel européen de chats sans pedigree qui donna finalement naissance aux british et american shorthair se développa différemment, pour se départager en deux types qui ont donné naissance aux deux sraces à pedigree actuelles.

Comme ses origines pouvaient le laisser entrevoir, c'est un chat intelligent, robuste et athlétique. Il possède un instinct de chasseur très développé qu'il laisse s'exprimer dès qu'il en a l'occasion, même s'il vient de faire un copieux repas !

On trouve des robes tabby dans toutes les couleurs reconnues (version classique ou mackerel). Il ne possède pas, en revanche, d'équivalent de son cousin britannique moucheté.

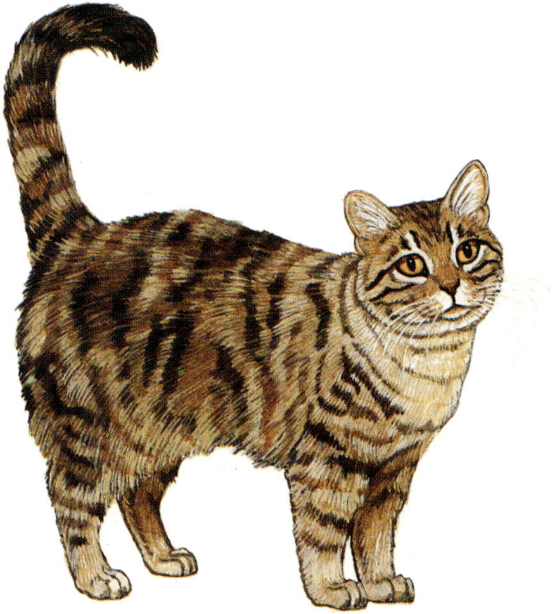

C'est la version agouti d'un écaille-de-tortue. Tandis que sur ce dernier, la présence du patron tabby se limite aux zones les plus pâles (si elles sont assez grandes), le patched tabby se retrouve sur toute la robe, y compris sur les étendues plus foncées. En Grande-Bretagne, il est connu sous le nom de tortie tabby.

Le premier shorthair enregistré aux USA, en 1900, était une importation britannique. Il fallut attendre 1904 pour que les premiers véritables american shorthair, issus de chats des rues soigneusement sélectionnés, fassent leur apparition.

En dépit de leur caractère indépendant, les american shorthair font de merveilleux animaux de compagnie. Affectueux, ils s'entendent généralement bien avec tous les membres de la famille, tant que l'on respecte leur liberté.

Aussi bien que le brun, le patched tabby existe aussi en bleu dilué ; dans la version argent, les zones dépourvues de marques sont simplement tipped.

Le blanc doit prédominer dans les parties inférieures du corps et les zones colorées doivent être dénuées de tout tiquetage blanc. Les yeux sont dorés dans toutes les variétés, excepté la blanche (bleus, dorés ou vairons) et les silver (vert/bleu-vert, ou noisette chez les silver tabby).

Autrefois appelé tout simplement shorthair, la race reçut ensuite le nom de domestic shorthair (nom qu'on lui attribue encore parfois, aujourd'hui). Elle ne prit son nom définitif qu'en 1966, date à partir de laquelle elle remporta de nombreux concours.

Développer un élevage d'American shorthair est peu compliqué. La race se reproduit facilement et la grossesse, comme la mise bas, pose peu de problèmes. Les portées sont de quatre chatons qui font preuve de la bonne santé propre à la race.

La seule autre variété est le calico dilué dans laquelle le bleu et le crème remplacent le noir et le rouge (versions chocolat et lilas seulement chez les exotic et british shorthair).

C'est l'une des variétés les plus récentes et les plus rares. Elle tient son nom du turkish van à poils semi-longs. La teinte qui peut être l'une des couleurs unies reconnues, calico ou bleu crème, se limite à la tête et à la queue, bien que soit autorisée une ou deux petites taches sur le reste du corps.

Autrefois, l'american shorthair était largement devancé en matière de popularité par le maine coon. En raison de ses humbles origines, il était davantage toléré qu'admiré dans les expositions. Une situation qui a changé depuis les années 40 et 50.

Il n'exige pas de soin particulier, mais sa robe nécessite un brossage plus ou moins régulier. Comme chez tous les chats, mieux vaut les dresser à cette pratique dès leur plus jeune âge. On pourra aussi habituer les chatons à prendre un bain.

On retrouve les mêmes variétés bicolores habituelles (couleur unie et blanc), mais c'est l'une des rares races à poils courts à présenter une robe van.

BENGAL chocolat

C'est une race mouchetée très rare, que l'on rencontre peu en Europe. Sa tête semble petite en proportion de son corps, très long et à la musculature très développée. Les pattes postérieures sont plus longues que les pattes antérieures et les pieds très grands. La robe épaisse existe en différentes couleurs.

Développé aux USA à la fin des années 70 à l'issue de croisements entre des mau égyptien et une espèce sauvage, le chat du Bengale, *Felis Prionailurus bengalensis*, afin de reproduire chez un chat domestique la beauté des félins de la jungle.

C'est un chat affectueux et obéissant. Les rejetons mâles issus de croisements entre espèces différentes sont stériles, c'est pourquoi l'on utilise des mau égyptiens. Le pedigree doit apporter la preuve d'une ascendance sauvage pour au moins 1/16.

La forme de la tête, la taille des oreilles, le type du corps et la longueur des pattes, le distinguent de races aux marques similaires, telles que l'ocicat et l'oriental spotted tabby.

CALIFORNIA SPANGLED brun

C'est un chat rare, exclusivement moucheté. De taille moyenne, il est long et bas sur de fortes pattes. La tête est large, les pommettes saillantes, la mâchoire bien développée. Les couleurs de sa robe de velours à poils courts sont le noir, le brun, le bleu, le roux, ainsi que leurs versions argent et doré.

Le california spangled fut créé en 1970 aux USA, à partir de plusieurs races, en souvenir de tous les chats sauvages abattus pour leur fourrure. Bien qu'il ne soit pas officiellement reconnu, il possède son association de défenseurs.

C'est un chat doué d'une intelligence supérieure et d'un caractère égal. À la naissance, les chatons sont noirs avec des taches blanches sur le menton, autour des yeux et à l'intérieur des oreilles. Couleur définitive à l'âge adulte.

Il présente un museau moins plein, des oreilles plus petites, des pieds plus puissants que le bengal. L'ocicat a des oreilles plus grandes et des yeux plus ronds.

La fourrure double, dense et soyeuse, lustrée comme celle des phoques, de ce chat gracieux à la très longue queue, est unique. Les poils de garde montre un tipping argent, d'où les nombreux reflets de sa robe. Les yeux verts émeraude clair peuvent être fendus en amande ou ronds (USA).

Sa véritable origine demeure encore un mystère, mais l'on suppose qu'ils furent importés par des marins de Russie en Angleterre, aux XVIIe et XVIIIe siècles. Il disparut presque complètement pendant la Seconde Guerre mondiale. Autrefois, il était appelé chat de Malte.

Chat très calme, souvent timide, qui se montre un compagnon affectueux. Les oreilles à la fourrure clairsemée, translucides, doivent rester propres. Reconnaissance préliminaire pour les variétés blanches et noires en Grande-Bretagne.

La texture de la robe est unique. Par ailleurs ses yeux verts le différencie des chartreux aux yeux doré/orange et des british et american shorthair (voir aussi korat, p. 79).

Comme chez le bleu russe, les yeux sont verts et la robe bleue, mais les similitudes s'arrêtent là. La face, très grande, aux yeux ronds, est en forme de cœur. Dépourvue de sous-poil, la robe est lustrée et serrée, et les poils s'achèvent par une tipping argenté qui crée un effet unique. Il n'existe pas d'autre variété.

Race rare, vieille de plusieurs siècles, originaire de Thaïlande. Elle fut importée aux USA, en 1959, et reconnue en 1966. Des korat américains furent transférés en Grande-Bretagne, en 1972. Les croisements avec d'autres races ne sont pas autorisés.

C'est un chat affectueux et tendre, qui s'attachera très fortement à ses maîtres. Leurs sens sont très développés et ils détestent les bruits forts ou brusques. Ils sont eux-mêmes très bavards. Leurs yeux sont jaunes jusqu'à l'âge de deux ans.

Sa queue est plus courte que celle du bleu russe et sa face d'une forme différente. Même couleur de robe, mais texture et lustre agenté également différents.

 # OCITAT chocolat

Animal athlétique, puissant, mais très élégant, à l'allure de chat sauvage. Sa création fut inspirée aux éleveurs par l'ocelot. La robe aux bandes de ticking très marquées (chaque poil portant plusieurs bandes agouti), existe en chocolat, cannelle, bleu, lavande et fawn et leurs versions argent.

Il fit son apparition aux USA, en 1964, à l'issu d'une tentative pour fixer un motif tabby sur un siamois. Son pedigree inclut un savant mélange d'abyssin, de siamois et d'american shorthair. Il n'y fut définitivement reconnu qu'en 1986.

Ce chat-chien fait preuve d'une étonnante dévotion envers son maître. Peu timide, il accueillera amicalement les visiteurs. Intelligent, facile à dresser, il rapporte ce qu'on lui lance, répond aux ordres, et accepte de se promener en laisse.

Il ressemble au mau égyptien, bien que sa robe soit plus tiquetée. Oreilles plus grandes que chez les autres chats tachetés, tête de type différent de celle des orientaux spotted tabby.

Seul chat naturellement tacheté. Corps long et gracieux semblable à celui de l'abyssin, avec des pattes postérieures plus longues que les antérieures, et une queue de longueur moyenne. La tête est triangulaire, aux contours légèrement arrondis, avec un nez moyen. Marque en forme de scarabée sur le front.

Bien que ses ancêtres remontent à l'Antiquité, la race actuelle est issue de trois chats nés en Italie en 1953 (de parents importés d'Égypte), qui furent ensuite émmenés aux USA. Elle fut définitivement reconnue par la CFA en 1977.

Le Mau (terme qui signifie « chat » en égyptien) est très intelligent, affectueux et fidèle. Calme, voire craintif avec les étrangers, il possède un caractère équilibré et une agréable voix chantante. On peut le promener en laisse.

Il existe les variétés bronze, argent et fumé. Il se tient moins haut sur ses pattes arrière que l'ocicat. L'oriental brown spotted tabby est le seul autre chat tacheté à grandes oreilles.

SNOWSHOE blue point

Chat au corps long, à la tête de type intermédiaire, qui se caractérise par une robe colourpoint aux poils courts, brillants, et quatre pieds blancs. Le corps de la variété seal est souvent plus foncé que celui du siamois, avec des taches blanches sur le museau, la poitrine et une flamme sur le nez.

Création américaine toute récente et encore très rare. Elle est issue d'un croisement entre un siamois et un american shorthair bicolore. En réalité, c'est un chat qui se rapproche davantage d'un ragdoll à poils courts, de type plus foreign.

Le snowshoe est d'un caractère assez facile, combinant les qualités héritées de ses parents. Aimable et affectueux, mais très actif, il se montre souvent passablement extraverti, et recherche constamment la compagnie des humains.

C'est le seul chat à poils courts colourpoint et à gants blancs. Autre variété américaine : le seal point. Des variétés de couleurs différentes sont développées en Grande-Bretagne.

SINGAPURA

Chat de Singapour

La plus petite de toutes les races. Les oreilles sont très grandes, le museau carré et l'on remarque un léger stop sous la ligne des yeux. Les poils de la robe entièrement agouti sont courts, serrés, avec deux bandes tiquetées marron foncé sur un fond vieil ivoire. Ventre, gorge et intérieur des pattes d'un blanc crémeux.

Développé comme une race à pedigree aux USA, à partir de trois chats ramassés dans les rues de Singapour, en 1975. Il fut définitivement reconnu par la CFA en 1988. Depuis 1989, quelques couples furent exportés en Europe.

Ce sont des chats très affectueux. Très joueurs, même adultes, ils sont d'une curiosité insatiable et s'intéresse à tout ce que fait son maître. Les femelles se montrent des mères attentives, continuant à veiller sur leurs chatons bien après la fin de la croissance.

La seule couleur connue est le sépia agouti. Les autres races tabby tiquetées sont l'abyssin, l'oriental, et toutes les variétés du groupe asiatique (voir note 6, p. 115).

ABYSSIN lièvre

L'abyssin ne ressemble pas aux autres chats à poils courts. Cette différence est due à sa robe entièrement tiquetée, mais aussi à son expression alerte, à ses yeux vifs et à ses grandes oreilles pointues. De type semi-foreign, son corps est moyen, ni cobby, ni longiligne, sa tête légèrement triangulaire et son nez moyen.

Pour certains, l'abyssin serait l'ancêtre du chat, tel qu'il est représenté dans l'art égyptien. Pour d'autres, il descendrait d'un chat importé en Angleterre d'Abyssinie dans les années 1860. C'est cette dernière hypothèse qui lui a valu son nom.

Timide au premier abord, il apprécie la compagnie des humains et fait preuve d'une belle fidélité envers son maître. Il s'ennuie s'il reste seul trop longtemps, mais il a besoin d'espace pour se développer. C'est un chat bien équilibré.

Seules les variétés ruddy, sorrel, bleu et fawn sont internationalement acceptées. Reconnaissance préliminaire en G.-B. pour les variétés chocolat, lilas et rousse et crème.

ABYSSIN sorrel 

Cette race possède une robe très tiquetée. C'est l'un des quatre patrons tabby, mais les marques se limitent ici à une couleur unie au bout de la queue, à un M réduit sur le front et à un cercle noir autour des yeux, dont la couleur varie de l'ambre au vert. Barres sur les pattes, la queue et la poitrine sont pénalisées.

Bien que l'on ignore l'origine de cette race, des études récentes semblent montrer qu'elle pourrait venir des côtes de l'océan Indien. Quoi qu'il en soit, elle fut développée, sinon créée, en Grande-Bretagne, à la fin du siècle dernier.

Curieux de tout, d'une extrême intelligence, il acceptera volontiers que vous lui appreniez quelques tours — sans rien perdre de sa dignité. Très remuant et athlétique, il aime grimper aux arbres mais se contentera des meubles du salon.

La GCCF a accordé une reconnaissance préliminaire aux versions écaille-de-tortue dans toutes les couleurs (sauf le roux lié au sexe et le crème), mais pas les associations américaines.

ABYSSIN blue silver

Chez les variétés silver, le développement du pigment est supprimé, en particulier pour les bandes agouti plus pâles sur chaque poil. Les bandes tiquetées de la robe sont plus marquées au bout du poil, plus diluées vers la racine du poil, d'où un effet moucheté sur un fond presque blanc.

Exporté en Amérique du Nord dans les années 1900, mais en petite quantité jusqu'à la fin des années 30, la popularité de l'abyssin dépasse largement aujourd'hui celle du siamois ou du burmese, et sa population s'est largement accrue.

La race n'est guère prolifique et les portées comptent seulement de un à trois chatons, pelucheux comme tous les shorthairs. La robe est d'abord unicolore, la tiqueture n'apparaissant qu'au bout de deux ou trois mois et se développant très lentement.

Reconnaissance provisoire pour les variétés silver noir, sorrel et bleu ; préliminaire pour les silver chocolat, lilas et fawn. Aucune variété silver n'est acceptée aux USA.

HAVANA BROWN

Même origine pour cette race et la variété chocolat de l'oriental shorthair (le havana) mais, à la différence des Américains, les Britanniques n'ont jamais cessé de les croiser avec des siamois. D'où l'existence de deux variétés. On le reconnaît à son museau carré, typique de la race, avec un stop bien défini.

Créé en grande-Bretagne dans les années 50, il est issu de croisements entre siamois seal point et shorthair noir. Il fut reconnu par la CFA en 1964. Son nom lui vient de sa couleur chocolat qui rappelle celle des cigares de la Havane.

C'est un chat tendre et affectueux, ronronnant au moindre encouragement, mais peu bavard, excepté avec sa portée. Il aime le calme et le confort. C'est aussi un touche-à-tout, qui joue constamment avec les petits objets éparpillés dans la maison.

Il ne faut pas confondre cette variété avec le havana plus oriental. En apparence proche du burmese brun, ses yeux sont jaunes et non verts et sa tête d'un type différent.

 # SIAMOIS seal point

Cette race exclusivement colourpoint est d'un type foreign très marqué : corps de taille moyenne, long et gracieux, presque tubulaire ; pattes fines, avec les postérieures plus longues ; queue longue et mince ; tête triangulaire au nez long, aux grandes oreilles et aux yeux bridés, en amande, d'un bleu soutenu.

Leur origine exacte demeure un mystère. Au Moyen Âge, on les décrit comme vivant à la cour du roi de Siam (aujourd'hui la Thaïlande), où ils étaient très appréciés. Au XIXe siècle, seuls les rois pouvaient posséder des siamois.

D'une personnalité très marquée, les siamois sont souvent imprévisibles et sujets à de brusques changements d'humeur. D'une fidélité extrême envers leur maître, ils exigent une attention de tous les instants.

Aucune autre race à poils courts combine un type foreign si marqué à un colourpoint. Le snowshoe est le plus proche, exception faite des gants blancs et de la forme de la tête.

SIAMOIS blue point

Seules les extrémités présentent une couleur plus sombre que le reste du corps. La robe très courte, soyeuse, aux poils serrés, est d'une couleur complémentaire plus pâle, avec quelques ombres légères sur les flancs et les épaules qui ne masquent pas le contraste entre les extrémités et le corps.

La race fit son apparition en Grande-Bretagne, en 1871 et en Amérique vers 1890. Jusque dans les années 30, date à laquelle fut accepté le blue point (probablement un hybride entre un seal point et un korat), le seal point était la seule variété reconnue.

D'une extrême intelligence, le siamois est plein de ressources et arrive souvent à ses fins. Assez patient, il accepte une certaine forme de dressage. On peut lui apprendre à faire des tours, à obéir à l'appel de son nom et à se promener en laisse.

Les seal point, lilac point et chocolate point sont partout reconnus comme des siamois. Nom différent pour les autres variétés aux USA, où l'on parle alors de shorthair colourpoint.

SIAMOIS red point

Siamois abricot

Les siamois fondateurs de la race portaient des gènes nécessaires aux quatre couleurs classiques. Tous les autres ont été créés à l'issu de croisements avec d'autres races. Le gène non agouti étant inefficace sur le pigment orange, les red point et cream point présentent donc toujours de faibles marques tabby.

Le red point fut développé aux État-Unis et en Grande-Bretagne à la fin des années 40. La CFA refusa de le reconnaître comme un siamois mais, en 1964, décida de créer une nouvelle race, le shorthair colourpoint. Il fut reconnu par la GCCF en 1966.

Bien que supportant mal le bruit, le siamois est le chat à la voix la plus stridente. Très agile, il grimpera aussi bien aux arbres que sur les meubles du salon. C'est le chat idéal pour ceux qui peuvent lui consacrer du temps et suivre son rythme !

Il existe une version diluée de cette variété, le cream point. Ces deux variétés sont apparemment identiques aux versions tabby point mais sont génétiquement différentes.

SIAMOIS chocolate tabby point 

La tête du siamois doit être triangulaire, longue, sans paraître poin-
tue ; le profil parfaitement droit, sans cassure, à l'exception d'un très
léger stop entre le museau et les joues. Vu de face, les oreilles doivent prolonger les lignes que dessinent la tête. Un nez légèrement
aquilin est accepté.

Le tabby point fut développé en Suède dès 1924, mais il fallu attendre une trentaine d'années pour qu'il connaisse une certaine popularité et obtienne sa reconnaissance officielle. Cette dernière lui fut
finalement accordée en 1966.

Autrefois strabisme et queue coudée étaient considérés comme caractéristiques de la race, mais sont aujourd'hui pénalisés. La légende
veut qu'il avait la queue recourbée pour permettre aux princesses
d'y enfiler leurs bijoux au moment de leur bain.

Les tabby point existent dans les neuf couleurs de siamois point. La
GCCF reconnaît aussi les écaille tabby point (mêmes couleurs, à
l'exception du roux et du crème).

SIAMOIS lilac tortie point

Sous l'influence du gène colourpoint, la pigmentation est sensible à la température — plus cette dernière est basse, plus la pigmentation est importante. Les extrémités, plus froides que le corps, montrent les points plus foncés. Les chats élevés dans des milieux chauds présentent souvent une robe plus pâle.

Les nouvelles variétés de siamois reconnues en Grande-Bretagne en 1994 incluent le cannelle, le caramel et le fawn point. Les smoke point, tipped et silver tabby point sont actuellement mis au point, mais ne sont acceptés ni en Grande-Bretagne ni aux USA.

Les siamois sont précoces et prolifiques. Les femelles sont pubères entre le quatrième et le cinquième mois (mais ne doivent pas être accouplées si jeunes). Les portées comptent au moins cinq chatons, qui sont blancs à la naissance.

On trouve des siamois seal, blue et chocolate tortie point (appelés colourpoint shorthair aux USA). Reconnaissance pour les cannelle, caramel et fawn tortie point en Grande-Bretagne.

HAVANA (chestnut brown FOREIGN)

Les premiers siamois regroupaient autrefois quelques individus non colourpoint, aux yeux jaunes/verts, mais dès la fin des années 20, leur élevage fut abandonné. Après la guerre, on chercha à nouveau à produire des chats non colourpoint au type foreign très marqué. Le havana fut le premier.

Créé en Grande-Bretagne en 1952 à l'issu d'un croisement entre un siamois et un shorthair noir, il fut reconnu en 1958. Des éléments du programme foreign white furent utilisés pour améliorer encore le type et le standard fut modifié en 1974 (voir Havana brown, p. 87).

Seuls un ou deux gènes de couleur différencient cette variété du siamois, comme tous les autres chats à poils courts de type foreign présentés ci-après. D'apparence, de caractère et de personnalité ils sont en revanche identiques.

Neuf autres couleurs unies sont développées. Le havana (comme tous les chats de cette section) est d'un type trop différent pour être confondu avec les autres chats de couleur semblable.

FOREIGN WHITE

Avec sa robe d'un blanc pur aux poils serrés, son corps souple et élégant, ses oreilles pointues et son nez rose, le foreign white est un bon exemple de réussite en matière de ''création'' féline. Selon le standard, les yeux doivent être d'un bleu lumineux, mais les Américains acceptent les yeux verts ou vairons.

L'apparition de siamois non colourpoint date véritablement de 1962 avec la création d'une variété toute blanche, aux yeux bleus. Admiré dès 1965 lors de ses participations aux expositions internationales, il ne fut définitivement reconnu qu'en 1977.

Il semble que cette variété ne souffre pas de la surdité congénitale propre aux chats blancs (le gène qui provoque cette infirmité est normalement lié à la couleur blanche, mais un élevage sélectif à partir d'individus non atteints de surdité permet de minimiser cet effet).

Aux USA, il existe un chat blanc, génétiquement de race siamoise, enregistré sous le nom de siamois albinos. Presque identique au foreign white, mais ses yeux sont plus pâles.

La couleur de cette variété comportant uniquement des femelles est un gris-rose glacé mêlé de zones crème. Comme la plupart des orientaux, les variétés écaille-de-tortue ont les yeux verts. À l'intérieur des groupes shaded, tipped et tabby, on trouve des variétés rousses, crème ou tortie, aux yeux de cuivre à vert.

Le programme « robe blanche » produisit des individus d'autres couleurs qui furent utilisés pour créer différentes variétés dont des spécimens écailles-de-tortue. L'élevage des orientaux se développa dès 1968 aux USA et la race fut reconnue en 1977.

Le strabisme bien connu des siamois est un défaut relativement commun aux orientaux. On pense qu'il s'agit chez le chat d'une tentative pour corriger la double vision due à de mauvaises connections neurologiques entre les yeux et le cerveau.

Les orientaux écaille-de-tortue existent en sept à neuf couleurs (roux et crème génétiquement impossibles). Les Américains reconnaissent également le calico et le calico bleu crème.

ORIENTAL blue silver shaded

Le groupe shaded comporte des variétés standard (base plus pâle) et argent (base blanche) aux bouts colorés d'une longueur moyenne sur les poils de garde. D'où un effet de cape sur le corps — plus foncé sur le dos, plus pâle vers les flancs. Bouts colorés de faible longueur chez les versions argent.

En 1970, un croisement accidentel entre un chinchilla et un siamois produisit un chaton silver shaded de type foreign qui devint le fondateur de toute une variété d'orientaux smoke, shaded et silver tabby, et de siamois tipped.

Les orientaux arrivent très rapidement à maturité, mais mieux vaut attendre l'âge d'un an avant de les accoupler. Les portées sont relativement importantes, de cinq à neuf chatons. Ces derniers se développent très vite et sont très actifs.

Regroupe neuf couleurs différentes, qui comptent chacune sept combinaisons écaille-de-tortue ou versions argent. Reconnaissance préliminaire en Grande-Bretagne.

ORIENTAL brown spotted tabby

Le tabby est précisément défini par les standards. Chez l'individu moucheté, les marques doivent être rondes, séparées et également réparties. Présence d'une marque en M sur le front. La queue est annelée, au bout de couleur unie. Rayures sur les pattes autorisées, mais une ligne sur la colonne vertébrale est un défaut.

Créé à partir de croisements entre siamois tabby et havana. D'abord appelé mau égyptien, on changea son nom à sa reconnaissance en 1978, pour éviter toute confusion avec la race du même nom mais d'origine différente (voir p. 81).

Comme les siamois, les orientaux — y compris les spotted tabby —, ne sont pas des chats de tout repos. Très affectueux, loyaux et vifs, ils sont aussi très bavards et exigent de leur maître une attention constante.

Il existe aussi des variétés tabby classique, mackerel et ticked (auxquelles s'ajoutent leurs versions tortie). Au total 128 variétés, pour la plupart reconnues en Grande-Bretagne.

C'est un chat au corps trapu et compact, à l'arrière-train rond, plus élevé que le garrot en raison de la longueur des pattes arrière. D'où sa démarche étrange qui rappelle celle du lièvre. La tête est ronde et un peu plus longue que large. Avant tout, il se distingue par l'absence de queue (anoure).

L'île de Man, au large de l'Angleterre, serait le berceau de cette race, dont on ignore en réalité la véritable origine. On a en effet enregistré l'apparition de chats anoures à des endroits très divers, mais cette seule variété a réussi à se développer.

Intelligent, joueur et affectueux, il sera le compagnon idéal de toute la famille. En raison de l'absence de queue avec laquelle communiquer, il se montre plus démonstratif que les autres chats. C'est aussi un impitoyable chasseur de souris.

L'absence totale de queue est propre au manx. Il arrive que le gène responsable de cette mutation prenne effet spontanément chez d'autres races, mais dans des cas très rares.

En l'absence totale de queue, on note une dépression marquée à l'extrémité de la colonne vertébrale ; mais certains spécimens sont dotés d'un vestige de queue (voir page suivante). Le chat de l'île de Man possède une robe double, dense, brillante, avec un sous-poil plus doux, avec un toucher matelassé.

Malgré toutes les légendes qu'elle a pu susciter, l'absence de queue est due à un gène responsable d'une mutation spontanée. Un club de manx fut fondé en 1901 et, depuis, la race n'a cessé d'enchanter Britanniques et Américains.

L'effet de ce gène ne se limite pas à la queue du manx mais aussi à une déformation caractéristique de la colonne vertébrale. Elle est également responsable d'une mortalité plus élevée chez les chatons et d'un nombre plus important de morts-nés.

Toutes les couleurs et tabby sont admis, à l'exception du colourpoint. En Amérique du Nord, les variétés lilas et chocolat sont également exclues.

Le stumpy possède une queue très courte, courbe ou noueuse. Il existe aussi une version plus courte (rumpy riser) qui se limite à un vestige minuscule. Ces deux catégories sont reconnues mais non présentées en Grande-Bretagne. Aux USA, rumpy et rumpy riser font parfois l'objet d'une présentation commune.

Le gène de l'absence de queue se perpétue à des degrés divers chez les chatons. On distingue quatre catégories, du rumpy (sans queue) au longy (queue d'une longueur presque normale). Le stumpy appartient à un groupe intermédiaire.

En dépit des problèmes congénitaux auxquels la race est confrontée (et qui devrait très certainement empêcher sa reconnaissance définitive), elle s'est montrée suffisamment vigoureuse pour survivre depuis plusieurs siècles.

Il rappelle le bobtail américain, mais possède des oreilles plus petites et une démarche bien à lui. La seule autre race à queue courte, le bobtail japonais est très différente.

C'est en réalité une version à poil semi-long du manx, avec lequel il est génétiquement identique. Sa robe est double, soyeuse et lisse. La longueur de sa fourrure augmente progressivement du garrot à l'arrière-train. Culottes importantes, collerette fournie, touffes de poils longs dans les oreilles et aux pieds.

À la fin des années 60, des chatons à poils longs apparurent spontanément dans plusieurs portées de manx, au Canada. La race fut soigneusement sélectionnée, reçut un nom et fut provisoirement reconnue par la CFA.

Le Cymric (mot celtique pour désigner le Pays de Galles) est d'un caractère semblable à celui du manx. Il fait partie de ces variétés « chat-chien », qui se montrent très fidèles à leur maître et qui se dressent très facilement.

On trouve toutes les tailles de queue, mais seule la catégorie sans queue est admise. La plupart des couleurs/tabby de robe sont acceptés, à l'exception du chocolat, lilas et colourpoint.

Le bobtail américain possède un corps trapu, des pattes courtes et une tête large, ronde avec des oreilles plutôt grandes. La queue est courte (de 2,5 à 10 cm), se terminant parfois en tire-bouchon. La fourrure pelucheuse, dense, est souvent semi-longue, mais peut varier en longueur (d'intermédiaire à courte).

C'est une race expérimentale, relativement nouvelle. Produit d'un croisement entre un siamois seal point et un tabby à queue courte de lignée inconnue, introduite dans les années 60. Par la suite, d'autres races furent associées (birman et himalayen).

D'un caractère facile, il adore la compagnie des humains. La race ne connaît aucun problème, mais on notera des longueurs de queue très différentes (voire une absence de queue). On ignore si le gène de Manx est responsable de cette dernière mutation.

Toutes les couleurs et dessins sont admis. C'est la seule race à queue courte à robe colourpoint. Une queue trop longue ou totalement absente n'est généralement pas acceptée.

BOBTAIL JAPONAIS mi-ke 

C'est un chat robuste, de taille moyenne, rappelant le type foreign. La queue en tire-bouchon mesure de 10 à 12 cm lorsqu'elle est déroulée (de 4 à 5 cm en position normale). Elle forme une sorte de « pompon ». La couleur mi-ke (noir, roux et blanc) correspond à un calico. En règle générale, le blanc prédomine.

Considérés comme des porte-bonheur, les bobtails sont connus au Japon depuis des siècles (de nombreuses familles en possèdent un). Les éleveurs les ignorèrent jusqu'à la visite, en 1963, de juges Américains qui admirèrent cette variété locale.

Dotée d'une voix musicale, c'est un chat très bavard. Il est aussi affectueux et facile à vivre. Souvent au nombre de quatre, les chatons sont déjà gros à la naissance et se développent plus vite que ceux des autres races. La mère les allaite plus longtemps.

Toutes les couleurs et tabby sont admis (sauf les colourpoint et ticked tabby) mais les mi-ke, les unicolores, les bicolores et les écailles-de-tortue sont les plus appréciés.

BOBTAIL JAPONAIS bleu et blanc

Sa tête est reconnaissable : triangulaire, aux grandes oreilles. On notera toutefois l'absence du regard oriental classique. Les yeux sont un peu bridés, les pommettes plutôt hautes et le profil légèrement concave. Les chats (unicolores, bicolores ou tricolores) sont des tabby, avec ou sans zones de couleur unie.

En 1968, on en importa plusieurs du Japon aux États-Unis, où ils devinrent vite très populaires, et obtinrent leur reconnaissance officielle entre 1971 et 1976. En revanche, la race est à peu près méconnue en Europe.

Le bobtail est une race à part entière. La mortalité des chatons est faible et il fait preuve d'une belle résistance à la maladie. Il semble évident que le gène responsable de la longueur de sa queue n'est pas le même que celui qui opère chez le manx.

La longueur de sa queue et son type foreign particulier le rendent unique. Forme de la tête et du corps le différencie très nettement des stumpy manx et bobtails américains.

SCOTTISH FOLD bleu tabby et blanc 

Chat cobby de taille moyenne auquel on reconnaît des ancêtres british et american shorthair. Il possède une robe pelucheuse, dense, une tête ronde et des yeux rendus d'autant plus expressifs par la présence d'oreilles bien espacées, repliées en casquette. Il est rare en Angleterre, mais populaire aux États-Unis.

Produit d'une mutation spontanée, le premier chaton aux oreilles repliées fit son apparition dans une ferme écossaise, en 1961. Ses descendants furent enregistrés et présentés en Angleterre, mais refusés au début des années 70 pour des raisons médicales.

Chats affectueux et attachants, ils sont robustes, mais mieux vaut éviter les croisements entre fold qui peuvent entraîner des problèmes articulaires chez les chatons. Un nettoyage régulier permettra de contrer l'inévitable gale des oreilles.

Toutes les couleurs et dessins sont admis, à l'exception de chocolat, lilas ou colourpoint. Le scottish fold est la seule race avec des oreilles repliées vers l'avant.

AMERICAN CURL tabby chocolat

Cette race, reconnue récemment, se caractérise par des oreilles doucement recourbées vers l'arrière du crâne. La boucle des oreilles est plus ou moins prononcée selon les individus et il arrive que des chatons naissent avec des oreilles ''normales''. Le standard accepte des robes à poils longs et semi-longs.

En 1981, une chatte errante, noire, à poils semi-longs donna naissance à deux chatons aux oreilles recourbées, dans le sud de la Californie. Cette mutation spontanée fit l'objet d'un élevage sélectif. L'american curl fut enregistré par la CFA en 1991.

Tous les chatons naissent avec des oreilles droites. Elles ne commencent à s'incurver qu'entre le deuxième et le dixième jour. Au bout de six semaines, elles ont tendance à se dérouler pour reprendre leur position recourbée au bout de quatre à six mois.

Toutes les couleurs et dessins sont admis, y compris colourpoint. Les individus à oreilles droites, à poils courts rappellent les american shorthairs, mais sont plus proches des foreign.

Chat américain à poils durs

Chat de taille moyenne, plutôt long, il rappelle son cousin l'american shorthair et, de loin, pourrait bien être confondu avec lui. En revanche, sa robe est très différente, les poils sont crépus, durs au toucher, aux bouts crochetés et aux endroits les plus longs forment des bouclettes et non des crans.

C'est le produit d'une mutation spontanée qui fit son apparition dans une ferme de l'État de New-York, en 1966. Un programme fut mis au point et on établit une véritable lignée. Enregistré en 1966, il fut définitivement reconnu en 1978.

Son aspect de chat à poils durs n'enlève rien à son charme, au contraire. Affectueux, il est curieux et joueur, et se révèle un excellent chasseur de souris. Son goût de l'indépendance le protège des chiens et des enfants.

La texture de sa robe est unique en son genre. À la différence de celle du cornish ou du devon, elle est très rugueuse, piquante au toucher.

Le cornish rex est le résultat d'une mutation spontanée qui affecte le développement des poils de la fourrure. Les poils de garde sont absents et les poils secondaires ressemblent à du duvet naturellement ondulé. Ce qui donne à la robe un effet de plis connu (depuis les années 20) sous le nom de "marcel wave".

Un chat bouclé naquit dans une ferme des Cornouailles, en 1950. On utilisa le nom adopté pour une mutation similaire observée chez les lapins. Une mutation identique s'était produite à Berlin en 1946, mais ne fut développée par les éleveurs qu'en 1951.

C'est un chat très sociable. Doué d'une personnalité extravertie, et d'une grande intelligence, il est aussi dévoué et affectueux, et s'entend très bien avec les chiens et les enfants. En revanche, il apprécie moins la présence de chats d'une autre race.

Cornish et Devon ont des robes à poils courts, ondulés, légèrement plus rèches chez le devon. Forme de tête très différente, rappelant davantage un lutin chez le devon.

En raison de l'absence de poils de garde, la longueur de la robe est moitié moins importante que celle des chats à poils courts et moitié moins dense. Ce qui la rend aussi très douce et soyeuse. Autre surprise lorsque l'on caresse un cornish rex : la chaleur de son corps. Ses moustaches sont très courtes et recourbées.

La race fut reconnue par la GCCF en 1967. Deux chats originaires d'Angleterre furent envoyés aux USA en 1957, ainsi qu'un german rex en 1960. Mais il fallut attendre 1979, pour que la distinction entre devon rex et cornish rex soit acceptée dans ce pays.

Son corps souple et musclé et ses longues pattes postérieures en font un chat particulièrement agile et acrobate. Il peut se déplacer avec une rapidité étonnante, même lorsqu'il paraît complètement relâché. Des qualités qui font de lui un excellent chasseur.

Présentant un type et une texture de fourrure différents, l'american wirehair est la seule autre race reconnue à la fourrure crantée. Le gène du rex et celui du wirehair sont différents.

Chat de type foreign, son corps mince et musclé, de longueur moyenne, est porté par des pattes hautes, fines, très droites, et son dos arqué le fait paraître grand. La queue est longue, mince et en fouet mobile. La tête est petite, de type foreign mais avec des joues bien pleines et le nez ne présente pas de cassure.

Des mutations similaires se sont produites à d'autres endroits, mais aucune n'a donné naissance à une race distincte. Deux lignées (rappelant le cornish) firent leur apparition dans l'Ohio (1953) et l'Oregon (1964), mais elles semblent avoir disparu.

La robe de cette race réclame peu de soins et ne perd pas ses poils. Le cornish rex étant plus sensible au froid, certains propriétaires pallient cette faiblesse en lui donnant une nourriture riche en graisse. Les portées sont de trois à six chatons.

On trouve toutes les couleurs, avec ou sans marques blanches. Les rex au patron du siamois, sont parfois appelés si-rex et non colourpoint.

Rex du Devon roux

Comme chez le cornish rex, la robe présente des plis crantés dus à la modification des poils. Les poils de garde ont subi une transformation, de même que les poils secondaires qui ressemblent davantage à un sous-poil. Sur les parties inférieures, la fourrure se réduit parfois à un simple duvet.

L'ancêtre des membres actuels de cette race fut un chat sauvage trouvé dans une mine désaffectée du Devon, en 1960. La race fut reconnue comme différente de celle des cornish rex par la GCCF en 1967 et par la CFA en 1979.

Les deux races rex ont une personnalité et un comportement similaires. D'une extrême curiosité, ils refusent d'être tenus à l'écart du moindre événement, et trotteront partout derrière leur maître. Ils remuent même la queue lorsqu'ils sont contents.

Toutes les couleurs et dessins sont admis. Comme chez le cornish, la couleur des yeux doit être semblable à celle de la robe. Chez les si-rex, seul le bleu des siamois est autorisé.

DEVON REX bicolore bleu et blanc

Rex du Devon bicolore bleu et blanc

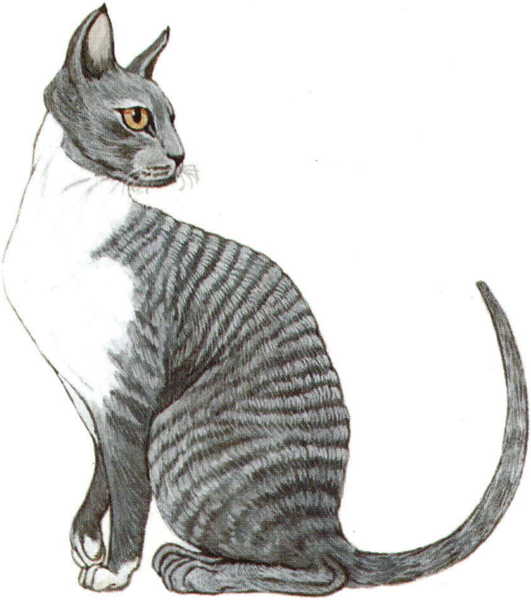

Tête triangulaire avec des joues pleines, un museau court nettement dessiné. Les yeux sont très grands, et les oreilles très larges à la base, placées très bas, accentuent le caractère unique de ce chat. Le corps mince est porté par des pattes hautes, très musclées, malgré leur apparente fragilité.

Bien que la mutation spontanée responsable de cette race ait eu le même effet sur sa robe que sur celle du cornish, les deux gènes sont en réalité différents. C'est ainsi qu'un croisement entre un devon et un cornish produira des chatons à la fourrure normale.

Ces chats muent rarement, ou alors très légèrement. Leur robe frisée est facile à entretenir et la plupart des rex apprécieront un bain. Sa voix est mélodieuse, mais il ronronne bruyamment. Les chatons (généralement quatre) sont précoces et très actifs !

Il possède un type de tête différent de celle du cornish rex, de même que la robe, qui est un peu plus clairsemée et légèrement moins bouclée.

SPHYNX bicolore noir et blanc 

Chez ce chat, la robe se limite à un fin duvet qui couvre seulement les extrémités et les parties génitales. Sur tout le reste du corps, la peau est nue mais pigmentée, aux couleurs et dessins les plus divers (tous admis). La tête rappelle celle du devon rex, mais cette race est due à un gène différent (mutation spontanée).

La race fut créée à partir d'un chaton né presque sans poil dans une ferme canadienne, en 1966. Au Canada, sa reconnaissance ne dura pas, et elle n'est acceptée que par quelques associations américaines. En Europe, la France et la Hollande l'ont reconnue.

C'est un chat affectueux et très sociable. Il apprécie aussi la compagnie des chiens et comme eux (ou comme le rex) remue la queue lorsqu'il est content. Il est indispensable de le protéger du froid, quitte à lui faire porter un manteau en laine.

Par le passé on enregistra la naissance de plusieurs chats nus, mais seul le mexican hairless cat fut reconnu. La race s'éteignit au début du siècle. Le sphynx est aujourd'hui unique.

Notes

❶ Persans (pp.14 et 20), chats turcs (pp. 48-49), angora (pp. 53-54)

L'angora est une race très ancienne, importée de Turquie au XVIᵉ siècle. À la fin du XIXᵉ siècle, un autre chat à longs poils, le persan, le surpassa en popularité. Les éleveurs s'efforcèrent d'améliorer sa robe par des croisements avec des angoras à robe soyeuse, dont le type était alors considéré comme inférieur, ce qui aboutit à la disparition de ce dernier. Au début du XXᵉ siècle, il n'existait plus en tant que race distincte. Dans les années 50 et 60, un regain d'intérêt pour les chats à poils longs provenant de Turquie aboutit à la reconnaissance de l'angora turc aux États-unis et du turkish van en Grande-Bretagne. Ces derniers semblent évoquer le souvenir des premiers angoras mais ce lien apparent est simplement dû au fait qu'ils ont les poils longs, sont d'un type apparemment similaire et qu'ils sont originaires de Turquie. Il n'existe toutefois aucune preuve qu'ils appartiennent à la même race. En Grande-Bretagne, l'angora moderne ressemble également à l'original angora, d'où son nom, mais on n'a établi aucun lien entre les deux races. Les angoras turcs américains et les angoras britanniques diffèrent par leur origine et leur type. On remarque aussi une légère divergence de type entre le turkish van et l'angora turc, qui sont des variétés d'une même race et qui, avec les années, se sont développés différemment, en raison de leur isolement géographique sur leur lieu d'origine.

❷ Persan peke-face (p. 34)

Certains éleveurs britanniques produisent aujourd'hui des persans dont la tête non seulement répond à toutes les exigences du type persan, mais même les dépasse largement. La face est plate, et le nez extrêmement court remonte vers le front. Ils portent le nom de persans ultras et sont parfois impossibles à distinguer des persans peke-face (variété non reconnue), tant ils leur ressemblent.

❸ Tiffanie (p. 40)

Dans les annés 70, furent créés aux États-Unis des chats à poils longs à la robe burmese brune (sable), dont la race reçut le nom de « tiffanie ». Lorsque des chats à poils longs de type burmese firent leur apparition parmi les descendants d'un croisement accidentel entre burmese et chinchilla en Grande-Bretagne, en 1981, on estima qu'il s'agissait de chats tiffany, et il leur fut donné le même nom (avec une orthographe toutefois différente dans la mesure où le terme tiffany avait été auparavant enregistré par la CFFG comme préfixe d'une race et ne pouvait, par conséquent, être utilisée comme nom de race). Les éleveurs ne sont plus aussi certains aujourd'hui qu'il s'agit de la même race. Il semble que l'on ait perdu les documents relatifs à l'origine véritable des tiffany américains. Ses lignées ne sont certes pas les mêmes que celle de son « homologue » britannique et on suppose même qu'il aurait des ancêtres communs avec l'angora britannique, mais qu'il aurait subi un développement de type oriental moins marqué. Le burmese brun est la couleur du tiffany (USA) la plus courante, mais le gène responsable de cette teinte n'a rien à voir avec le type burmese et l'on se demande si la race américaine de ce même nom possède un seul ancêtre burmese.

❹ Balinais/javanais (p. 52), angora/persan oriental (pp. 53-54)

Aux États-unis, on a autorisé l'enregistrement de la version à poils longs du siamois sous le nom de balinais, dans les couleurs classiques du siamois (seal bleu, chocolat et lilas). Toutes les autres couleurs (y compris écaille-de-tortue) et les robes tabby sont enregistrées comme race séparée, les javanais. Par ailleurs il faut savoir que la FIFe, et les sociétés qui lui sont affiliées, utilisent le terme de javanais pour la race reconnue par la GCCF comme l'angora et appelée aux États-unis persan oriental.

❺ Shorthair britannique/européen (p. 61)

Les Britanniques furent les premiers à définir les standards des chats à pedigree. Le nom de british shorthair fit donc son apparition avant celui de shorthair européen. Deux termes qui définissent cependant des chats identiques, dont le développement fut l'aboutissement de croisements entre individus provenant indifféremment de Grande-Bretagne et du continent.

6

6 Tiffanie (p. 40), bombay (p. 68), burmilla (p. 69)

En Grande-Bretagne, les burmilla et tiffanie sont considérés comme des membres du groupe « asiatique » (Asian) qui réunit de chats de type burmese, à l'exception de la longueur, de la couleur et du patron de la robe. En dehors du tiffanie, tous les membres de ce groupe comportent le même nombre de races (selon la définition de la GCCF). Ainsi le bombay est un chat de couleur noire appartenant à un sous-groupe asiatique à robe unie à l'intérieur duquel on peut trouver des exemples bleu, chocolat, lilas, roux, crème, caramel et abricot (la plupart, tout comme leurs versions écaille, demeurant du domaine de l'expérimentation). Les burmillas constituent un autre sous-groupe ; ils présentaient autrefois des formes shell (tipped) ou shaded dans les couleurs citées ci-dessus, mais la distinction entre les deux longueurs de dripping fut abandonnée en 1994. Une version fumé du burmilla a reçu une pré-reconnaissance sous le nom de burmoiré, mais elle constitue aujourd'hui un autre sous-groupe asiatique du nom d'asian smoke (fumé asiatique). Le sous-groupe qui réunit les tiffanie reconnaît toutes les robes et couleurs acceptées par le groupe asiatique. On trouve quatre autres sous-groupes correspondant aux quatres versions tabby : classique, mackerel, mouchetée et tiquetée. Ils acceptent toutes les couleurs de ce groupe, ainsi que les versions tortie tabby et argent. Le succès des tabby asiatiques ne cessent de croître. Ils furent provisoirement reconnus en 1994. Toutes les couleurs du groupe peuvent par ailleurs se trouver modifiées en leur équivalent burmese. Le gène burmese peut affecter tous les membres du groupe mais se remarque plus sur les chats génétiquement noirs, dont la couleur se transformera en burmese brun.

7 Mau égyptien (p. 81)

Il ne faut pas confondre cette race avec celle créée en Grande-Bretagne, également appelée mau égyptien, en raison de sa ressemblance avec la race de l'Antiquité. Cette appellation est encore citée dans quelques ouvrages, mais son véritable nom est oriental spotted tabby, en relation avec son type foreign (voir p. 97).

8 Siamois (pp. 88-92)

La configuration génétique du groupe shorthair oriental (voir pp. 93-97) est telle que des chats en apparence identiques aux siamois peuvent faire leur apparition dans certaines lignées. Aux États-Unis, ils sont parfois enregistrés comme des oriental shorthairs, en Grande-Bretagne comme des siamois, auxquels ils sont, sur le plan génétique, parfaitement identiques. Pour les amateurs de chats, la différence est sans importance, mais pas pour les éleveurs (voir aussi p. 94).

9 Havana (p. 93), foreign white (p. 94), oriental (p. 95-97)

En Grande-Bretagne, ces chats font partie de groupes de races séparées, réunies en une subdivision appelée oriental shorthair qui regroupe plus de deux cents variétés. Aux États-Unis, ils sont considérés comme les variétés d'une seule et même race, l'oriental shortair, qui compte plus de cent variétés reconnues. Encore récemment, le nom attribué par les Britanniques à la race regroupant la presque totalité des chats à la robe unie, aux poils courts, de type siamois était simplement foreign, le terme oriental étant réservé aux couleurs non unies. En réalité, on retrouve dans le nom de race de tous les chats non colourpoint de type siamois le mot « oriental », à l'exception du havana, qui fut autorisé à conserver son nom, et le foreign white, parce qu'il représente la seule variété à yeux bleus.

10 Tabby oriental (p. 97)

En Grande-Bretagne, les différents tabby sont répertoriés comme des races distinctes (notamment l'oriental classic tabby, l'oriental spotted tabby) ; aux États-unis, comme des variétés d'une même race (oriental shorthair), d'un nombre moins important qu'en Grande-Bretagne, avec pourtant plus de cinquante combinaisons de tabby, y compris les versions mouchetées et argent.

11 Cornish/german rex (page 108)

Bien que le même gène opère chez le cornish et le german rex, on considère ce dernier comme appartenant à une race séparée depuis 1982, en Europe, en raison de son type plus proche du shorthair européen.

Couleurs et dessins

Le chat de base est un tabby aux larges bandes noires séparées par des zones jaune-brun tiquetées de noir. Sur ces étendues de poils situées entre les rayures, le pigment noir de chaque poil de garde est séparé par des bandes colorées plus ou moins jaunes — les bandes agouti. Sur le plan génétique, un chat aux marques tabby est dès lors considéré comme un agouti. Les modifications du dessin tabby, dues au pigment noir, à la présence des bandes et à leur étendue, sont à l'origine de plus de deux mille variétés, chacune étant le produit d'une combinaison de gènes relativement peu nombreux. Aucune race ne possède un tel nombre de variétés. Certaines n'en comptent qu'une, mais d'autres jusqu'à deux cents, voire davantage.

Couleurs

Le gène noir existe sous deux autres formes, à l'origine des teintes chocolat et cannelle. L'une de ses trois couleurs est toujours présente, mais complètement masquée si le gène roux opère. Un gène séparé peut en effet diluer l'une de ses quatre couleurs en bleu, lilas, fawn et crème. Un autre gène peut aussi modifier l'effet du gène de dilution pour créer diverses nuances de caramel (dérivé du noir, du chocolat ou de la cannelle) et d'abricot (dérivé du roux).

COULEURS DES CHATS Sont indiquées au-dessus de la diagonale les couleurs courantes et la variation burmese. Les teintes de la variation siamoise sont identiques au burmese. Les nuances d'une couleur peuvent varier selon les chats.

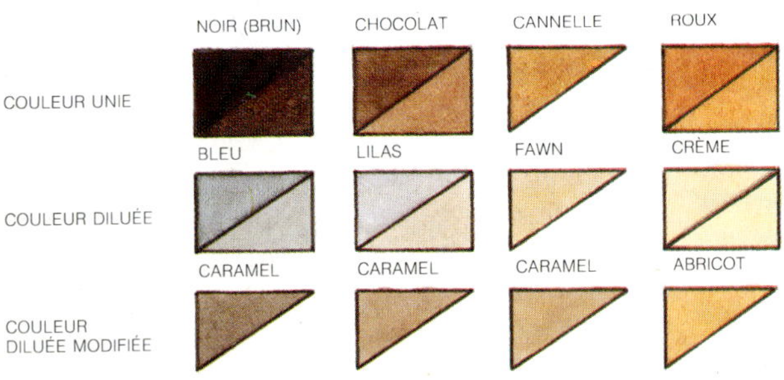

La présence du gène burmese ou siamois peut influencer l'expression de l'une de ces dix couleurs. Ces deux gènes ont pris le nom des races les plus représentatives de ces teintes, mais ils peuvent théoriquement fonctionner dans n'importe quelle race. Ils favorisent un ton plus clair de l'ensemble des couleurs mais aussi la sensibilité du pigment à la chaleur, d'où la nuance plus foncée des extrémités. Dans les robes influencées par le gène burmese, le contraste entre les extrémités (points) et le reste du corps est peu marqué (se limitant au masque et aux oreilles plus sombres), mais est nettement plus prononcé chez les chats colourpoint sous l'action du gène siamois. A noter que la version burmese du noir est le brun et la version siamoise le seal. La variation des couleurs communes et de leurs versions diluées, que l'on retrouve notamment chez l'abyssin ou le somali, est due à l'influence de polygènes roux qui imprime à l'ensemble des couleurs une nuance rousse. De même que la couleur génétiquement noire de l'abyssin est le ''lièvre'' et de la cannelle, le sorrel.

Des représentations approximatives de ces couleurs vous sont fournies par le tableau de la page précédente. Une couleur sera totalement masquée si gène blanc dominant opère. Si la couleur n'est pas spécifiée dans le nom d'une variété, on peut en déduire qu'il s'agit du noir. A noter aussi qu'en Amérique le lilas est appelé lavender (ou frost chez les chats colourpoint) ; le roux chez les colourpoint, flamme ; le chocolat burmese, champagne ; et le lilas burmese, platine.

Tabby et unies

On retrouve chez tous les chats l'une des trois formes du gène tabby. Le plus courant est le tabby classique ou blotched, aux grands motifs. La version mackerel (tigré) présente des rayures plus étroites. La troisième variation, le tabby ticked (également appelé type abyssin, bien que ne se limitant pas à cette race) est composé de poils agouti sur toute la robe, la seule marque étant celle en « M » sur le front, commune à tous les tabby. Une quatrième forme de tabby, le spotted (moucheté) est considérée comme une version de la forme mackerel, dans laquelle les bandes sont brisées. Par convention, la couleur d'un tabby génétiquement noir est le brun (de la couleur des zones agouti et non des rayures).

Bien que tous les chats appartiennent génétiquement à l'une des formes tabby, un gène peut effacer les bandes agouti sur les poils dans les zones plus claires, ne conservant sur toute la longueur du poil que le pigment plus foncé, de la même couleur que les motifs. Le résultat est un robe unie d'une couleur entièrement uniforme. Le gène non agouti est toutefois inefficace sur le roux, le crème et l'abricot. Il est par conséquent très difficile d'obtenir des chats de couleur uniforme dans ces trois teintes. Le dessin tabby inhérent peut seulement être affaibli par un élevage sélectif.

Écailles-de-tortue et tabby écaille

Le gène de la couleur rousse est lié au chromosome-X, au nombre de deux chez les femelles (hérité de chaque parent), tandis que les mâles n'en possède qu'un seul (transmis par l'un ou l'autre parent). En raison de ce déséquilibre, l'un des chromosomes-X femelles est rapidement effacé lors de son développement embryonnaire. Dans chaque cellule de l'embryon, l'inefficacité du chromosome hérité du parent mâle ou de celui provenant du parent femelle est due entièrement au hasard. La présence des gènes liés à ce chromosome est par conséquent différente selon les sexes.

Lorsque le gène de la couleur rousse est hérité des deux parents, le chaton mâle ou femelle sera tabby roux (qu'il soit agouti ou non). Mais lorsqu'il est transmis par le seul parent mâle, le chaton sera tabby roux mais les embryons femelles se transformeront en une mosaïque de cellules, dont certaines contiendront le gène roux, d'autres pas. La robe de ces femelles se transforme alors en un patchwork de deux couleurs, le roux (ou encore le crème ou l'abricot) et l'autre le noir, le chocolat ou la cannelle (dans leurs versions diluées, modifiées ou non). Les chats sont alors écailles-de-tortue et, à l'exception de certaines anomalies, sont toujours des femelles. Chez certaines races, le nom de la version bleue ne comporte pas le terme écaille-de-tortue mais est simplement donné comme bleu crème, le nom des deux couleurs diluées constitutives de la robe.

La répartition des deux couleurs dans tout écaille-de-tortue est variable. Dans certains cas, les zones sont petites et entremêlées (G.-B), dans d'autres elles formes des taches plus importantes (USA). Chez les chats non agouti les étendues plus foncées sont d'une couleur unie mais celles d'un roux plus pâle présentent leur dessin tabby si elles sont assez grandes. Ce dernier peut se révéler des quatre formes décrites ci-dessus. Chez les chats agouti l'effet sera un dessin entièrement tabby dans les deux couleurs. Ce sont les tabby écaille.

White spotting

C'est le nom du gène responsable du blanc dans toutes les robes mentionnées préalablement. Des gènes modificateurs ou polygènes contrôlent l'étendue de son expression, qui peut aller d'une simple tache blanche ou partie du corps (bottes et mitaines, par exemple) à la quasi-totalité de la robe, comme dans le modèle van, propre au turkish van, chez lequel seules la queue et une partie de la tête ne sont pas blanches. Des zones blanches moins étendues sur une couleur unie produisent le groupe appelé bicolore. En Amérique du Nord, la variété écaille-de-tortue et blanche porte le nom de calico.

Tipped

Deux autres gènes peuvent être présents qui, ensemble ou individuellement, entraînent toute une série de variations susceptibles de modifier les robes mentionnées jusqu'à présent (à l'exception des chats entièrement blancs). Ce sont les gènes de l'inhibition et de la largeur des bandes qui, tout en opérant différemment, limitent plus ou moins la pigmentation à la pointe du poil. Le terme ''tipped'' utilisé dans cet ouvrage fait référence à ce type de robe.

Le gène de la largeur des bandes est seulement efficace sur les chats génétiquement agouti. Il contribue à l'élargissement des bandes agouti sur les étendues plus pâles d'une robe tabby et transforment les poils des zones unies en poils agouti aux bandes également élargies. Le dessin tabby est alors largement, voir presque complètement, masqué. En cas d'expression dominante du gène, la longueur de la pointe pigmentée est très limitée, ce sont les variétés standard shell (tipped). Dans le cas contraire, la pointe est plus longue, et l'on obtient des variétés standard shaded. La distinction entre ces deux catégories est sensible dans certaines races, mais dans la plupart des cas la longueur de la pointe est jugée sans importance et tous les individus sont considérés comme shaded. La couleur du reste du poil est une version plus pâle de la couleur et les robes prennent une apparence plus délicate, une tonalité pastel. Chez certaines races, les variétés génétiquement noires appartenant à ce groupe reçoivent le nom de golden (doré). Les tortie tabby sont parfois affectés par cette influence, mais le dessin tabby étant masqué, ils sont plus simplement considérés comme des shell (tipped) ou shaded tortie.

Le gène d'inhibition, lorsqu'il est présent, affecte les chats agouti et non agouti. Dans les zones de couleur unie, il blanchit la base de chaque poil. Dans un dessin tabby, les poils agouti entre les motifs colorés sont blancs à l'exception de la pointe. Chez un chat non agouti, on obtient une variété smoke (fumé) ou tortie smoke ; chez un chat agouti, silver tabby ou silver tortie tabby. Chez les smoke, le contraste entre la couleur de surface et la base du poil blanche paraît plus prononcé lorsque le chat est en mouvement.

Lorsque ces deux gènes se combinent (seulement chez les chats agouti), on obtient des variétés shell silver (tipped en Grande-Bretagne) et shaded silver (ainsi que leurs version écaille-de-tortue). Les robes shell sont blanches avec un reflet de couleur, les robes shaded plus foncées, pour s'éclaircir progressivement vers les flancs (intérieur des pattes, ventre blancs). Dans certaines races, la variété black shell est connue sous le nom de chinchilla, le red ou cream shaded shell ou shaded (voire parfois les écaille-de-tortue), sous celui de cameo. Chez les persans et les exotiques, les versions aux yeux orange des shaded silver aux yeux verts portent le nom de pewter.

Couleurs des yeux

Autre standard variable : la couleur de l'iris. Elle peut aller de l'orange foncé au bleu soutenu en passant par l'ambre ou le vert. Le standard de toutes les races définit avec précision cette couleur qui peut différer selon les variétés à l'intérieur d'une même race.

Sans être infaillibles, les généralisations couramment adoptées sont les suivantes : toutes les variétés à robe blanche, dans toutes les races, y compris le turkish van, possèdent des yeux bleus, orange, ou vairons (bleu et orange) ; le korat, le bleu russe et les diverses variétés de silver, des yeux verts ; le burmese et les représentants du groupe asiatique (y compris le bombay, le burmilla et le tiffanie) — jaunes à jaune-vert ; l'oriental, l'angora et l'havana brown — verts ; l'abyssin et le somali — ambre, noisette ou verts ; le tonkinois — de bleuvert à bleu pâle ; pour le reste — d'orange foncé à ambre.

Des exemples des motifs les plus souvent rencontrés vous sont fournis en page de garde de quatrième de couverture. Le tableau ci-après répertorie les variétés acceptées pour chaque race. Des indications concernant l'utilisation de ce tableau vous sont proposées page 122.

TABLEAU DES COULEURS ET DESSINS POUR LES DIFFÉRENTES RACES

Notes explicatives de ce tableau et de son utilisation page 122.

Les noms de races en capitales correspondent à celles reconnues en Grande-Bretagne (et par la CFA en Amérique du Nord, mais pas pour toutes les couleurs). Les races en minuscules sont acceptées par la CFA, mais pas par la GCCF. Celles en minuscules plus petites sont seulement reconnues par des organisations moins importantes.

Page	Race	TYPES TABBY				ROBES NON TIPPED					ROBES TIPPED					
									colourpoint		standard		silver			
		classique	mackerel	spotted	ticked	unie	tabby	van	unie	tabby	shell	shaded	shell	shaded	smoke	tabby
page 102	Bobtail américain					toutes les couleurs et dessins admis										
98-100	MANX					toutes les couleurs et dessins admis à l'exception de colourpoint										
108-110	CORNISH REX					toutes les couleurs et dessins admis										
111-112	DEVON REX					toutes les couleurs et dessins admis										
113	Sphynx					légère pigmentation de la peau, toutes les couleurs et dessins admis										
76	Bengal			●		gènes non encore élucidés ; variétés de brun (diverses teintes) et de bleu										
77	California spangled			●		gènes non élucidés ; variétés de noir et de brun (diverses teintes), de bleu et de roux										
81	Mau égyptien			●			AC									A
80	Ocicat			●			K									K
46-47	SOMALI				●		L^T									L^T
84-86	ABYSSIN				●		L^T									
83	Singapura				●		A									
14-34	PERSAN [1]	●				WJ^{TW}	J^{TW}	J^T	J^T	J^T	A		AF	E^aF	J^T	A
55-57	EXOTIC	●	●	●		WJ^{TW}	J^T	J^T	J^T	J^T	A		J^T	E^a	J^T	A
58-63	BRITISH SHORTHAIR	●	●	●		WJ^{TW}	J^T		J^T	J^T	A		J^T		J^T	J^T
106	American curl [2]	●	●	●	●	WJ^{TW}	G^T	J^T	J^T	J^T	A	A	A^TD	A^TD	J^T	J^T
53-54	ANGORA	●	●	●	●	WM^T	M^T				M^T		M^T		M^T	M^T

Pages	Race														
	TIFFANIE														
68-69	ASIATIQUE [3]	•	•	•	•	A	N^T			N^T		N^T		N^T	N^T
93-97	ORIENTAL (poils courts) [4]	•	•	•	•	WM^T	M^T			M^T		M^T		M^T	M^T
44-45	NORVÉGIEN	•	•			WG^{TW}	G^{TW}	G^T		G^{TW}	G^{TW}	G^{TW}	G^{TW}	G^{TW}	G^{TW}
41-43	MAINE COON	•	•			WG^{TW}	G^{TW}						G^{TW}	G^T	G^{TW}
71-75	American shorthair	•	•			WG^{TW}	G^T	G^T				AD	AD	G^T	A^{TD}
107	American wirehair	•	•			WG^{TW}	G^W					AD	AD	ED	AD
101	Cymric	•	•			WG^{TW}	G^T					A	A	E	A^T
105	Scottish fold	•	•	•		WG^{TW}	G^{TWb}	G^T				ED	ED	ED	A^{TD}
48	Angora turc	•	•			WG^{TW}	G							E	A
103-104	BOBTAIL JAPONAIS	•	•	•		WG^{TW}	G^{TW}								A^W
88-92	SIAMOIS [5]	•	•	•	•			M^T	M^T						
50-52	BALINAIS [6]	•	•	•	•			JT	JT						
35-36	BIRMAN	•	•	•	•			J^{Tc}	J^{Tc}						
37-39	RAGDOLL	aucun							H^{Wd}						
82	Snowshoe	aucun							E^e						
49	TURKISH VAN	aucun						F^c							
70	TONKINOIS	•	•	•	•	J^T	J^T								
65-67	BURMESE	aucun				J^T									
78	BLEU RUSSE	aucun				WE									
64	Chartreux	aucun				B									
79	KORAT	aucun				B									
87	Havana brown	aucun				C									

a deux formes : pewter (yeux orange) et shaded silver (yeux verts)
b pas de tortie tabby dans les combinaisons mêlées de blanc
c variétés aux bottes blanches
d variétés avec du blanc sous deux formes : bottes blanches et bicolore
e ambre : variétés aux yeux bleus ou vairons dans chaque couleur

CORRESPONDANCE DES COULEURS

	W	A	B	C	D	E	F	G	H	J	K	L	M	N
blanc	•													
noir		•			•		•	•	•	•	•	•	•	•
bleu			•		•		•	•	•	•	•	•	•	•
chocolat				•			•	•	•	•	•	•	•	•
lilas							•	•	•	•	•	•	•	•
roux					•		•	•		•	•	•	•	•
crème							•	•		•	•	•	•	•
canelle											•	•	•	
fawn											•	•	•	
caramel													•	•
abricot														•

NOTES CONCERNANT LES RACES

1 inclut l'himalayen (dont le kashmir)
2 dans les robes à poils courts et semi-longs
3 inclut le bombay et le burmilla
4 inclut le foreign white et l'havana
5 inclut le colourpoint shorthair
6 inclut le javanais (américain)

Tableau des variétés reconnues — pages 120/121

Le tableau de la page précédente décrit les variétés généralement reconnues pour chaque race. Ce classement subit toutefois des modifications, dans la mesure où les éleveurs s'efforcent continuellement de diversifier les races, voire d'en créer de nouvelles. Les variétés présentées dans ce tableau sont, pour la plupart, reconnues par la GCCF, la CFA ou la FIFe.

La couleur des bandeaux correspond aux différentes races (vert pour les chats à poils mi-longs, par exemple). Les têtes de colonnes indiquent les différentes robes ; les lettres décrivent la fréquence de tel ou tel type de robe dans la race concernée. Les grandes capitales précisent les couleurs qui peuvent affecter la robe, comme indiqué dans le petit tableau en bas de page. La présence d'un point dans une ou plusieurs des colonnes tabby dénotent que les couleurs indiquées par les lettres qui suivent immédiatement le nom de la race peuvent se retrouver dans les patrons tabby signalés par un point. Ainsi la lettre G inscrite dans la colonne correspondant au tabby pour le cymric indique que sont reconnues les variétés tabby noir, bleu, roux et crème dans un patron classique ou mackerel.

La petite capitale T apposée à une lettre signale que les couleurs écaille-de-tortue peuvent également se rencontrer dans ce groupe ; elles seront des mêmes teintes que celles désignées par la grande capitale, tout en excluant, le roux, le crème et l'abricot.

La petite capitale W apposée à une lettre indique que les couleurs rencontrées dans ce dessin, y compris les écaille-de- tortue, peuvent se combiner au blanc, pour donner la même gamme de couleurs, c'est-à-dire blanc et tabby ou bicolore. Les minuscules font référence aux notes situées au-dessus du tableau des correspondances de couleurs.

Aucune distinction n'est faite entre les deux degrés de tipping (shell et shaded). Lorsque le A (noir) est la seule couleur indiquée dans la colonne shell/shaded standard, le terme « golden » se retrouve dans le nom de la variété.

Glossaire

Les Américains et les Anglais utilisent parfois des appellations différentes pour faire référence, entre autres, à une même race. Ces termes sont indiqués par les sigles (E.U.) ou (G.-B.).
Certains termes de ce glossaire font l'objet d'interprétations diverses, d'où leur signification sensiblement différente selon les ouvrages.

Agouti : terme employé pour qualifier les robes dont les dessins et la couleur rappellent celle des agoutis, petits rongeurs des Antilles ou d'Amérique du Sud. On pense que les premiers chats domestiques avaient des robes agouti. Chaque poil de garde montre une alternance de bandes jaunes plus ou moins pâles (les bandes agouti) et de bandes plus foncées (une des dix couleurs) ; d'où l'apparence tiquetée de la robe (ticking) ; chez les chats domestiques, une robe tabby aux poils sans bandes (de la même couleur que les bandes plus foncées sur les poils agouti) se superpose toujours au modèle agouti ; la disparition de la bande agouti due au gène non agouti donne naissance à une couleur unie (gène inefficace sur le roux, le crème et l'abricot).
Anoure : dépourvu de queue.
Asiatique (Asian) : groupe réunissant des chats de type burmese à l'exception de la

couleur, des marques et de la longueur de la robe.

Bicolore : décrit l'association du blanc à une autre couleur ; parfois utilisé pour faire référence à toute couleur associée au blanc.

Bleu : employé pour qualifier une fourrure de chat, désigne plutôt un ton gris (à reflets bleus ou métalliques) pouvant varier du gris-bleu au gris ardoise. Les chartreux sont des chats bleus.

Blotched : mot anglais souvent utilisé pour différencier un dessin taby. Il s'agit du tabby marbré par opposition au tigré ou au moucheté.

Brindling : traces de couleur contrastant avec la teinte de base de la robe.

Calico (E.U.) : écaille-de-tortue et blanc.

Cameo (E.U.) : variété *tipped silver* roux ou crème (cameo) pour n'importe quelle race ; (G-.B.) variété tipped silver rousse, crème ou *tortie*, des *persans*.

CFA : Cat Fanciers' Association.

Chinchilla : chat (en particulier aux E.U.) à la fourrure *shell tipped silver* ; plus spécifiquement (en G-.B.) variété de persan shell tipped silver noir.

Chocolat (E.U.) : parfois marron ; champagne (burmese et tonkinois).

Cobby : corps compact, massif, à la tête large et ronde, aux pattes moyennes ou courtes, à la queue courte, caractéristiques des persans et des british shorthair. Voir aussi *foreign* (étranger).

Collerette (ou jabot) : masse de fourrure plus longue et plus fournie autour du cou.

Colourpoint : un chat est colourpoint quand il a un corps de couleur claire et des marques (*points*) de couleur soutenue sur le masque, les pattes, la queue, les oreilles. Tous les siamois sont colourpoint. On appelle également colourpoint une race à part de siamois à poils longs.

Crantage : frisure du pelage des rex.

Cuir du nez : bout du nez et narines.

Dilution : décrit l'effet du gène de dilution sur une couleur unie. Le bleu est un noir dilué ; le bleu crème, un écaille-de-tortue dilué.

Écaille-de-tortue : expression qualifiant des robes où deux teintes sont entremêlées, plus ou moins distinctement sur une couleur unie rousse, crème ou abricot ; les couples de teintes incluent le noir, le chocolat ou la cannelle avec le roux, le bleu lilas ; le fawn avec le crème ; le caramel avec l'abricot ; lorsqu'une couleur n'est pas précisée dans le nom de la variété, sont sous-entendus le rouge et le noir. Selon la taille des zones plus foncées le dessin tabby sur les motifs roux, crème ou abricot est apparaît distinctement.

Écaille et blanc : les chats écaille et blanc présentent les couleurs de l'écaille-de-tortue (voir ci-dessus) plus des marques blanches.

Enregistrement : concerne celui d'un chat et de son pedigree par un organisme officiel.

Européens : le terme d'européens sert à désigner les « chats de gouttière » de race. Ce sont des chats à poils courts.

FIFe : Fédération internationale féline.

Flamme : marque souvent blanche, allant du milieu du front au nez.

Foreign (étranger) : décrit un type de chat à l'ossature fine, élégant, tel le siamois, s'opposant au type persan ou au british shorthair. Voir aussi *oriental*.

GCCF : Governing Council of the Cat Fancy.

Gène lié au sexe : décrit un gène généralement hérité différemment par les deux sexes : ainsi le modèle écaille-de-tortue se limite aux femelles.

Golden (doré) : nom de la variété aux écailles noires et au tipping shaded sur une robe de couleur standard, chez certaines races.

Himalayen (E.U.) : ou persan colourpoint, issus de croisements entre persans et siamois, mais considéré comme un véritable persan.

Lacets : zone blanche qui court du pied au jarret ; en particulier chez les birman et le snowshoe.

Lilas (lilac, G-.B.) : lavande ; platine (burmese et tonkinois).

Mackerel tabby : dessin tabby aux rayures fines, verticales sur les côtés, longitudinales sur la colonne vertébrale et annelées autour des pattes et de la queue.

Marque de scarabée : marque en forme de M ornant le front de nombreux *tabby* tachetés de *type foreign*, d'un dessin suffisamment complexe pour évoquer un ancien scarabée égyptien.

Masque : désigne généralement la face, incluant le museau et les oreilles.

Mi-ke : variété *écaille-de-tortue* et blanc (*calico*) du bobtail japonais.

Mue : chute naturelle des poils.

Museau : nez, machoires, joues et moustaches.

Mutation : modification inattendue chez les chatons des caractères héréditaires, sans rapport avec l'ascendance.

Non-agouti : décrit un chat ou une robe influencés par le gène non agouti qui transforme un dessin tabby en couleur unie (gène inefficace sur les variétés rousse, crème et orange).

Oriental (type) : terme souvent utilisé comme synonyme de foreign (étranger), pour désigner une version extrême de ce type, tel le siamois et les variétés orientales à poils courts.

Pastel points : variétés de siamois *écaille* ou *shaded tipped* (expérimentales).

Patched tabby (E.U.) : *tortie-tabby*.

Pedigree : arbre généalogique d'un chat ; document indiquant la race, le nom, la couleur de ses ancêtres.

Persan (type) : décrit des chats à la tête ronde, massive, au corps de type cobby ; voir aussi *foreign*.

Poil de bourre (duvet) : le plus court et le plus doux des deux poils composant la sous-fourrure d'un chat ; ils sont ondulés et donnent à la robe une texture laineuse. Voir aussi *poils de garde* et *poils secondaires*.

Poils de garde : poils longs, soyeux, qui constituent la couche extérieure de la robe.

Poils secondaires : le plus long et le plus épais des deux poils composant le sous-fourrure.

Points : 1. désignent les extrémités (face, oreilles, queue et partie inférieure des pattes), de couleur contrastée, chez les siamois et autres races colourpoint ; associé à une couleur, ce terme sert à composer les noms des variétés à l'intérieur d'une race (par exemple, blue point). 2. Les caractéristiques individuelles d'une race correspondant à son standard.

Robe double : le poil est double quand il est composé d'un poil (jarre) et d'un sous-poil.

Self : terme anglais définissant une couleur unie.

Shaded : décrit une robe (chez un chat *agouti*) au tipping de longueur moyenne ; en Grande-Bretagne, la différence entre tipped (shell) et shaded est progressivement éliminée chez certaines races, ce dernier terme s'appliquant aux deux.

Shadow points : variété *fumé* du siamois (stade expérimental).

Shell : décrit chez un chat agouti une robe au tipping court ; utilisé dans le texte pour le différencier du terme *tipped* britannique ; voir aussi *chinchilla*.

Silver (argent) : robe au *tipping* coloré sur une fourrure blanche ; si le terme n'est pas précédé d'une autre couleur, comme dans bleu argent par exemple, il concerne un tipping noir. Chez les *tabby* silver les poils affectés se limitent à des zones plus pâles entre des marques plus sombres. Constitue une partie du nom de la variété chez les tabby, mais pas nécessairement pour les autres variétés à la fourrure blanche tipped.

Smoke (fumé) : décrit un chat à la robe *non agouti* (*unie* ou *tortie*) affecté par le gène inhibiteur responsable de la couleur blanche des poils à la base. De fait, les poils supportent un tipping coloré généralement plus long que chez les variétés *écaille* ou *shaded tipped*.

Sous-fourrure : consiste en *poils secondaires* et *duvets* ; son degré d'importance varie selon les races ; les sous-poils se mêlent aux poils de garde plus longs, plus raides qui constituent la robe de surface.

Spotted tabby : modèle *tabby* composé de taches rondes sur le corps, de fines bandes sur les pattes et la queue, et d'une marque en forme de scarabée sur la tête.

Standard : 1. description détaillée des caractéristiques d'une variété donnée, accompagnée d'un barème (échelle des points) pour la notation attribuée par les juges d'une organisation officielle, définissant les critères de beauté, ou modèle idéal, selon lesquels est jugé l'animal. 2. Couleur d'une robe tipped, pour la distinguer du silver.

Stop : angle plus ou moins prononcé entre le nez et le front.

Tabby : désigne toute la série des fourrures présentant des marques visibles : rayures, taches, marbrures, ou rondes sur une couleur complémentaire, plus pâle, chez un chat agouti. Vient du terme tabbi qui, dans le quartier Attabiya de Bagdad, désigne une étoffe de soie rayée. On trouve quatre types de patrons tabby : classique, mackerel, spotted et tipped ; voir aussi tortie tabby.

Tabby classique : robe rayée de larges bandes, dessinant une marque en forme d'huître sur les flancs, en forme de papillon sur les épaules, longitudinale sur la colonne vertébrale et annelées autour des pattes et de la queue. Également appelé *tabby tacheté*.

Ticked (tiqueté) tabby : modèle tabby aux rayures limitées à la tête et parfois aux pattes et à la queue. Le reste de la robe consiste uniformément en poils agouti ; également appelé tabby abyssin dont le meilleur exemple est la race du même nom.

Ticking (tiqueté) : une robe est tiquetée quand chaque poil porte des points de couleurs différentes comme dans les robes agouti. L'effet tiqueté est discernable entre les marques des robes *tabby*, créé par des bandes plus sombres sur poils *agouti*.

Tipping : couleur contrastée, plus sombre, au bout de poils plus pâles (variétés *standard*) ou blancs (variétés *silver*). Deux longueurs de pointes colorées sont acceptées dans cet ouvrage. Courtes, correspondant aux variétés écaille chez les seuls chats agouti, et moyens/longs qui donnent les variétés *shaded* chez les chats agouti ou des variétés *smoke* chez les chats non-agouti. Voir aussi *golden* et *chinchilla*.

Tortie : *écaille-de-tortue*.

Tortie tabby : robe tabby dans laquelle se superposent des couleurs écaille-de-tortue. Également appelé aux États-Unis *torbie* ou *patched tabby*.

Tricolore : décrit une robe *écaille-de-tortue* dans laquelle vient s'ajouter du blanc.

Type : définit la forme et la taille de la tête et du corps propres à une race ou à un groupe de races (voir types *persan, foreign et oriental*).

Van : robe bicolore dans laquelle le blanc prédomine, la couleur étant limitée à la tête (entre les oreilles et les yeux) et à la queue (légèrement zébrée).

Vairons : yeux qui sont de couleur différente.

Index

Les numéros des pages en caractère gras font référence à la principale entrée de la race. Les numéros de page en caractères standard indiquent les mentions dans le texte concernant les autres races. Ces références sont utiles lorsque l'on recherche des chats d'apparence similaire. Les numéros entre parenthèses concernent le numéro d'une note à la page concernée.

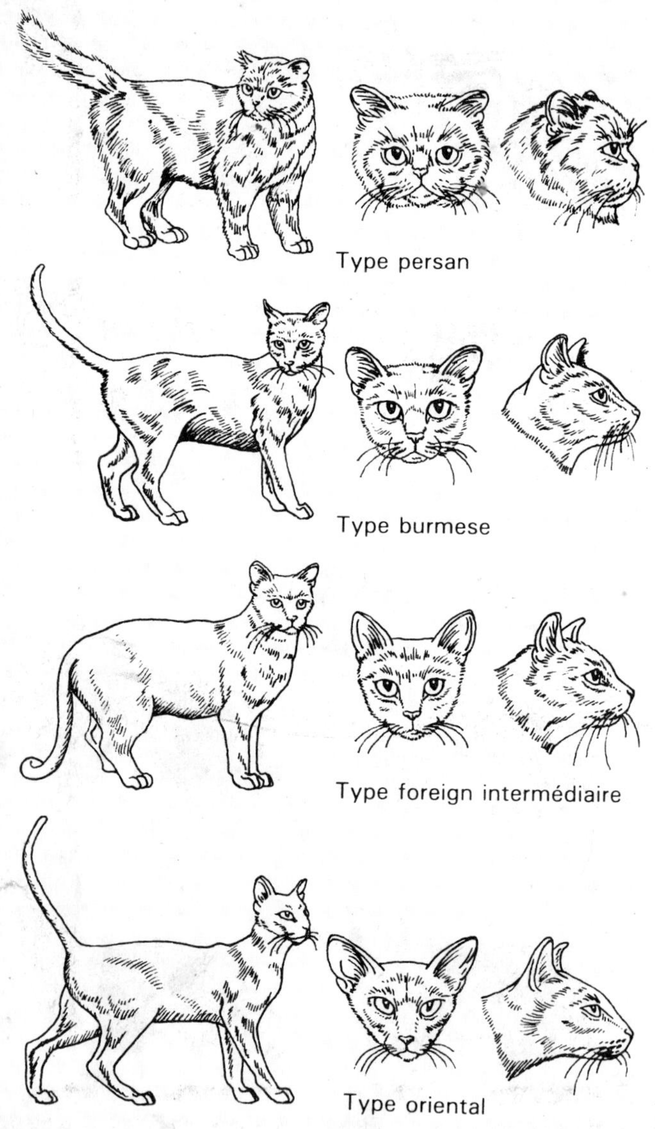

Type persan
Type burmese
Type foreign intermédiaire
Type oriental